LES 1000 SCÈNES DU PALAIS DES CONGRÈS PARIS

Éditeurs :
Angélique Dufour et Vincent Pichon-Varin
Iconographie :
Bernadette Caille
Conception graphique et couverture :
Lætitia Queste
Fabrication :
Axelle Hosten et Yanis Loisel

Vous pouvez consulter notre catalogue général
et l'annonce de nos prochaines parutions sur notre
site : www.cherche-midi.com

ISBN : 978-2-7491-8170-7

92, avenue de France
75 013 Paris

LES 1000 SCÈNES DU PALAIS DES CONGRÈS PARIS

Djénane Kareh Tager & Éric Bureau

le cherche midi

SOMMAIRE

LA SALLE PARIS

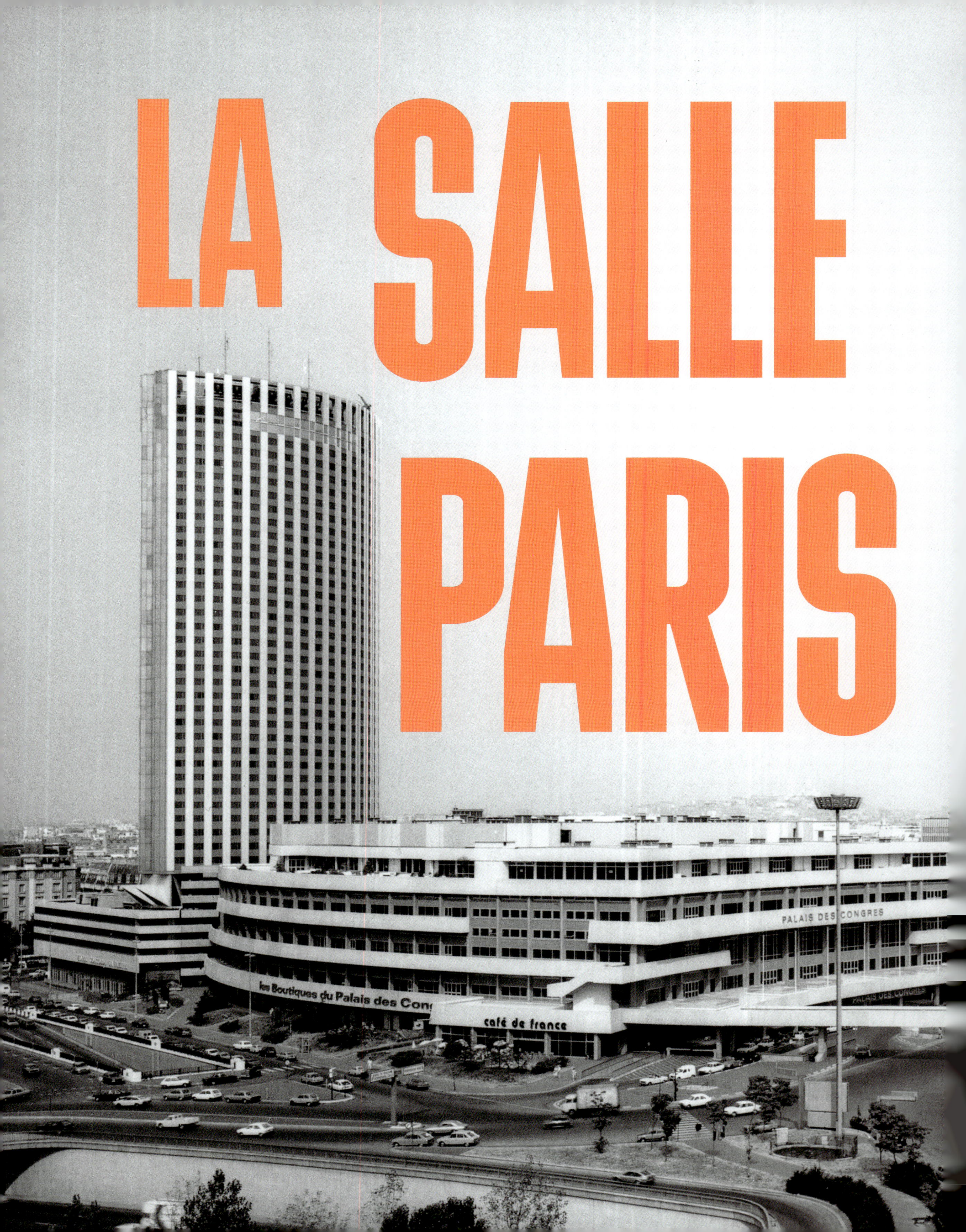

QUE ATTENDAIT

LE PALAIS DES SPECTACLES

En 1974, les grandes salles de spectacle parisiennes se comptent sur les doigts d'une main. Le palais omnisports de Paris-Bercy et le Zénith de la Villette n'ouvriront pas avant dix ans. Les stars françaises et internationales doivent se contenter de chapiteaux, de halles et de salles de sport pour rassembler leurs milliers de fans. Le Palais des Congrès et son auditorium de 3 700 fauteuils vont combler leurs attentes. Dès son ouverture, les grandes légendes américaines, Frank Sinatra, Barry White, Shirley MacLaine, et les stars de la chanson française, Serge Lama, Sylvie Vartan, Maxime Le Forestier, accourent et font salle comble : la légende est en marche.

←
En 1979, Starmania s'invente au Palais des Congrès et révèle FRANCE GALL dans le flamboyant rôle de Cristal.

↗
MICHEL SARDOU est l'un des premiers artistes français à « tester » et aimer cette nouvelle salle parisienne. Il y fait sa première le 2 novembre 1978 et y revient près de 200 fois en dix ans.

←
SYLVIE VARTAN fait souffler en 1977 un vent de glamour sur Paris.

↗
La comédienne, danseuse et chanteuse SHIRLEY MACLAINE est une des premières stars américaines à miser sur le Palais des Congrès. Le 16 février 1976, son show épate le Tout-Paris.

→
Double page suivante : pas un seul strapontin vide pour la première série de concerts de SYLVIE VARTAN en 1975. Le début d'une longue histoire d'amour entre l'artiste et le lieu.

“Cette salle m’a beaucoup inspirée, c’était une période passionnante, flamboyante ! ”

Sylvie Vartan

UNE NOUVELLE SALLE
DE SPECTACLE A PARIS!

LE PALAIS DES CONGRÈS
DE PARIS

PARIS A SON PALAIS

Trois mille cinq cents personnalités de France et du monde entier se sont donné rendez-vous, ce 28 février 1974, pour un événement exceptionnel que la presse internationale couvrira avec des articles aux titres dithyrambiques – « Une ville dans la Ville Lumière » pour la presse américaine, « Le plus prestigieux des centres des congrès du monde » pour *Penthouse Magazine*. Jusqu'au quotidien *Le Monde* qui ne tarit pas d'éloges sur l'édifice, le considérant comme « l'entreprise architecturale la plus considérable de la Vᵉ République, une entreprise qui contribuera à dresser son visage et à dire son histoire, comme l'Opéra dit l'histoire du Second Empire, comme le Grand Palais, la tour Eiffel, l'ancien et le nouveau Trocadéro disent celle de la IIIᵉ République ».

← Le premier dossier de presse du Palais des Congrès, distribué aux journalistes pour son inauguration, en février 1974.

↑ Surplombant le périphérique parisien, dont ce dernier tronçon a été inauguré dix mois plus tôt, le Palais, l'année de son inauguration.

“Je suis heureux, d’inaugurer cette réalisation où l’esprit de progrès rejoint la vocation culturelle éternelle de la France.”

Pierre Messmer

L'événement, placé sous le patronage du chef de l'État, Georges Pompidou, est retransmis à la télévision et commenté en direct par Léon Zitrone. Le Premier ministre, Pierre Messmer, donne le coup d'envoi des festivités : « Je suis heureux, dit-il, d'inaugurer cette réalisation où l'esprit de progrès rejoint la vocation culturelle éternelle de la France. »
Et que la fête commence ! Une fête gargantuesque qui restera ancrée dans les annales. Ici, les Indianos, les danseurs argentins du Lido, performent. Un peu plus loin, un bal du 14 Juillet en plein hiver avec ses lampions, ses guirlandes et ses flonflons. On trouve aussi une fête foraine avec des stands de limonade et de barbe à papa, un clin d'œil au Luna Park des origines ; des défilés de haute couture et de joaillerie ; des buffets pour se restaurer…

CÉRÉMONIE D'INAUGURATION DU CENTRE INTERNATIONAL DE PARIS

*

LA
GRANDE NUIT DE PARIS

*

Jeudi 28 Février 1974
20 heures 30

PALAIS DES CONGRÈS
1, Porte Maillot

Valable pour 2 personnes

Série 9 J 19 | 9 J 21
9 J 19.21

CENTRE
INTERNATIONAL
DE PARIS

*

LA
GRANDE NUIT
DE PARIS

*

Tenue de Soirée
de rigueur

Plus encore, toutes les salles du Palais sont transformées en salles de projection et, pendant douze heures d'affilée, les spectateurs revivent tout ce que le cinéma a retenu de notre temps, depuis les images muettes des autobus tractés par des chevaux jusqu'aux films les plus emblématiques ; des courts-métrages ; des films d'actualité. Les titres et les places disponibles sont diffusés par haut-parleur. Et puis, il y a toutes les stars de la chanson, Julien Clerc ; Mort Shuman ; Alain Chamfort, accueillis par Yves Mourousi pour un exceptionnel « Luna Park 74 », un gala de variétés retransmis en direct sur France Inter et enregistré pour la 3e chaîne, qui le diffuse dès le lendemain.
La fête dure trois jours, mais il n'y a pas de temps à perdre ! Le 3 mars, un dimanche, le Palais des Congrès de Paris accueille sa première manifestation : un congrès international de médecine, prélude aux 115 manifestations programmées en cette année d'inauguration. Dix jours plus tard, le 13 mars, l'aéroport de Roissy ouvre ses pistes à ses premiers passagers.

← Sous les flashes des photographes de la presse nationale et internationale, le Premier ministre PIERRE MESSMER, représentant le président de la République, prononce son discours inaugural.

↑ Le carton d'invitation à l'inauguration du Palais : un précieux sésame que beaucoup d'invités ont conservé jusqu'à aujourd'hui.

→→ Double page suivante : le Grand Amphithéâtre, le soir de l'inauguration du Palais. 50 ans plus tard, ce lieu continue d'accueillir toute la magie du monde.

LA PORTE MAILLOT,
UNE HISTOIRE MAGIQUE

Il était une fois, aux abords de Paris, une vaste plaine sablonneuse, réserve de chasses royales puis terrain de manœuvre de l'infanterie. Le 27 février 1766, un pari transforma ce lieu en un terrain de courses hippiques, une activité dont était friande Marie-Antoinette et qui attira aussitôt toute la jeunesse dorée de Paris et de province. Vendue aux enchères trente ans plus tard, la plaine est transformée par son nouvel acquéreur en un jardin doté d'incroyables attractions. Un lieu magnétique qui, très vite, accueille des fêtes et des spectacles courus du Tout-Paris.
C'est évidemment là qu'à l'occasion de l'Exposition universelle de 1900 est édifié le Columbia, un immense théâtre de 6 000 places où se joue chaque soir « le plus grand spectacle du monde », un café-concert avec des dizaines d'artistes. Du jamais-vu, à la mesure de l'événement international que ce projet accompagne. En 1909, le Columbia cède la place à un autre méga-projet : le fameux Luna Park de la porte Maillot, avec ses innovations qui attireront les foules jusqu'à sa fermeture dans les années 1940.
À cette plaine d'abondance, toujours surprenante, toujours novatrice, toujours magique, il fallait un nouveau projet monumental et spectaculaire.
C'est le Palais des Congrès.

↑
Inauguré en 1904, le Printania de la Porte Maillot, rendez-vous du Tout-Paris et lieu par excellence de loisirs, de spectacles et de divertissements.

→
En 1903, *L'Orient* se donne en spectacle au Columbia, réputé (déjà !) pour son immense scène et ses grandioses capacités d'accueil.

THÉATRE GÉANT
"COLUMBIA"
A LA
PORTE-MAILLOT
TOUS les SOIRS à 9h.
"L'ORIENT"
le plus Grand Spectacle
DU MONDE
1500 Artistes
6000
PLACES ASSISES
Entrée depuis
1f.
MATINÉES
les JEUDIS
DIMANCHES & FÊTES
à 3H.
Directeur Génral
BOLOSSY KIRALFY
IMP. CHARDIN 17, Pas. Daudin. PARIS

LA PLUS INTERNATIONALE DES SALLES

Albert Koski est le pionnier des producteurs de rock en France. Au début des années 1970, il fait jouer Pink Floyd et les Rolling Stones dans d'anciens abattoirs à Paris, mais manque de solutions pour accueillir ses artistes « chics ».

« Avec le Palais des Congrès, j'avais enfin une salle de prestige à leur proposer », se souvient l'octogénaire. Le premier artiste à se produire porte Maillot est la star égyptienne Abdel Halim Hafez, le 26 juillet 1974. Le « rossignol », comme on surnomme ce crooner, est si populaire dans le monde arabe qu'il y vend plus de disques que sa compatriote Oum Kalthoum, considérée elle-même comme la plus grande chanteuse du monde arabe. Deux ans avant sa disparition prématurée, l'unique concert d'Abdel Halim Hafez à Paris est immortalisé par un disque live.

Le Palais devient vite « The Palace » pour les Anglo-Saxons. Bryan Ferry et son groupe glam rock Roxy Music le prennent d'assaut le 27 novembre 1974. À 35 francs la place, la salle affiche vite complet ! Leur spectacle atypique recueille d'excellentes critiques, mais l'organisateur de concerts se souvient surtout des deux suivants, Frank Sinatra et Barry White, en mai 1975.

↑→
Le premier chanteur à se produire porte Maillot est l'une des plus grandes stars égyptiennes, ABDEL HALIM HAFEZ.
Le 17 septembre 1974, le « rossignol » donne son unique concert en France, immortalisé sur disque.

“Le palais devient “The Palace” pour les Anglo-Saxons. ”

←
En mai 1975, le producteur français Albert Koski réussit à faire venir la légende FRANK SINATRA pour ce qu'il considère comme « la vraie inauguration » du Palais des Congrès.

↗
ELLA FITZGERALD est la première icône du jazz à succomber aux charmes du Palais, dès 1976. Son retour en 1980 est flamboyant.

→
Double page suivante : MILES DAVIS en concert au Palais des Congrès, 1983.

Pour voir le premier, qui a demandé 160 000 dollars de cachet, il faut débourser en moyenne 500 francs. « C'était très cher, reconnaît Koski, mais on payait le mythe et l'orchestre. Pour moi, c'était la vraie inauguration de la salle. Sinatra était un dieu vivant pour les femmes gitanes. Une quarantaine sont montées sur scène pour l'embrasser et lui arracher sa perruque. Il ne s'est pas laissé faire ! C'était superbe, mais Barry White, c'était encore mieux. On lui avait dit que Sophia Loren était dans le public. Le colosse à la voix douce a chanté pour elle, mais elle n'est pas venue... ». Le bouche-à-oreille est lancé outre-Atlantique. L'année suivante, Shirley MacLaine se produit deux fois, puis Tom Jones, Diana Ross et tant d'autres...

DE L'ART ET DE LA MANIÈRE DE CRÉER UN MONUMENT

Cinq ans de réflexion ont été nécessaires pour doter Paris d'un lieu rivalisant avec ce que proposaient déjà d'autres villes européennes comme Londres, La Haye, Amsterdam, Genève, Lausanne ou Rome qui, en 1964, possédaient de petits palais des congrès.
Le projet parisien, lui, sera grandiose. Il est confié à un pool d'architectes, Henri Guibout, Serge Maloletenkov, Guillaume Gillet et Yves Betin. Leur mission : donner à la capitale la place de première ville de congrès mondiale. Cette mission sera accomplie avec brio.

↑
Vu de Neuilly, le Palais, une majestueuse porte d'entrée de Paris dont l'édification entraîna, au début des années 1970, un réaménagement complet de la zone.

↗
La construction du Grand Amphithéâtre, une salle en continu sans appuis intermédiaires, dont l'une des particularités est d'offrir une visibilité parfaite depuis toutes les places assises.

→→
Double page suivante : cinq ans de réflexion et dix ans d'action ont permis de doter Paris d'un lieu déterminant pour l'économie et le tourisme de toute l'Île-de-France.

Les travaux, parallèles à ceux du boulevard périphérique, entraînent un réaménagement complet du périmètre. Une attention est portée à chaque élément, à chaque détail. Ainsi, la petite église Notre-Dame-de-Compassion, construite par Louis-Philippe en mémoire de son fils décédé, est démontée puis reconstruite, pierre par pierre, une centaine de mètres plus loin.
Le bâtiment qui surgit progressivement est extraordinaire, un carrefour où vont bientôt se trouver aussi bien des restaurants que des bureaux, 5 000 m² de halls d'exposition, des boutiques et des salles de réunion et puis, le clou de l'opération, un auditorium de 3 700 places doté d'appareils de traduction simultanée en six langues.

BOUYGUES

ECHAFAUDAGE
Self-Lock

ECHAFAUDAGE
SelfLock
TEL 929 51 33

1994, NOUVEAU DÉFI ARCHITECTURAL

Cependant, comme tous les plus grands monuments historiques de France, le Palais des Congrès continuera, après son inauguration, de se transformer, de s'étendre, de grandir. Entre 1997 et 1999, il est le théâtre de bien plus qu'une extension, une « re-création ». Ce défi architectural et urbanistique, confié à l'architecte Christian de Portzamparc, augmente sa surface de près d'un tiers – elle passe de 98 000 m^2 à 140 000 m^2, répartis sur 12 étages dont 3 en sous-sol. Les travaux sont titanesques. 25 000 m^3 de béton et 2 300 tonnes d'acier prennent place dans les coffrages, des éléments de façade en béton poli arrivent par les airs, des salles et des amphithéâtres se créent. Incroyable mais vrai, ces travaux se déroulent pendant que le Palais continue de mener sa vie entre spectacles, congrès et shopping, isolé du chantier par un mur acoustique.

> ***« Il est possible de rendre l'espace heureux. »***
>
> Christian de Portzamparc

←← Double page précédente : créées par Étienne Hajdu, les sculptures parant les murs du Grand Amphithéâtre, à la double fonction esthétique et acoustique.

→ CHRISTIAN DE PORTZAMPARC, l'architecte qui, à la veille de l'an 2000, transforma le Palais des Congrès de Paris en expérience de l'espace.

→→ La première rénovation du Grand Amphithéâtre saluée par les médias. Ici, fac-similé d'un article du *Parisien*, paru le 26 septembre 1991.

Le palais des Congrès s'embellit

AVEC neuf millions de spectateurs et une cinquantaine de stars à son actif, le Grand Auditorium du palais des Congrès de la porte Maillot a connu pendant dix-sept ans une existence plutôt heureuse. Pourtant, côté cour comme côté jardin, il n'avait jamais fait l'unanimité. Confort impersonnel, ambiance réfrigérante, acoustique médiocre, lumières banales... tels furent souvent les reproches entendus si ce n'est pour les spectacles de Chantal Goya, curieusement oubliée sur le programme souvenir distribué lundi soir aux producteurs et aux journalistes venus découvrir la nouvelle salle.

Trente places supplémentaires

Z'étaient donc venus, z'étaient presque tous là, même ceux du sud de l'Olympia (air connu) pour se faire une idée sur le renouveau du lieu. Somptueusement invités à dîner (truffes, homard et, sans allusion douteuse, tourte au... pigeon !) sur l'immense scène d'où, une fois n'est pas coutume, on voyait mieux le spectacle, tous les pros ont paru ravis.

« C'est beau, non ? »... « Génial, qui tu verrais là, toi ? »... « C'est ici que Montand aurait dû signer »... « Incroyable, cette métamorphose »... On aurait dit des enfants déballant, avant l'heure, les cadeaux du Père Noël. Dans le sapin : six tours acoustiques, trente places supplémentaires (malgré la disparition de 500 strapontins), des fauteuils aux couleurs enfin magiques, un revêtement mural contemporain façon écrin noir pour nuits blanches, des moquettes chaleureuses, un rideau Hollywood et un éclairage an 2000 conçu par Me Rouveyrollis.

Reste à convaincre les stars... Les premières signatures s'avèrent de bon augure : Belafonte le 1er octobre, Sinatra le 3, Humperdinck les 15 et 16 puis un festival d'accordéon les 16 et 17 novembre, Minelli-Aznavour du 20 novembre au 15 décembre... L'Opéra de Kiev en janvier, les Victoires de la musique le 1er février, les Césars le 22, les Ballets d'Ukraine en mars... De quoi déjà écarquiller yeux et faux cils... Cela valait bien quelques coups de marteau !

Alain Morel

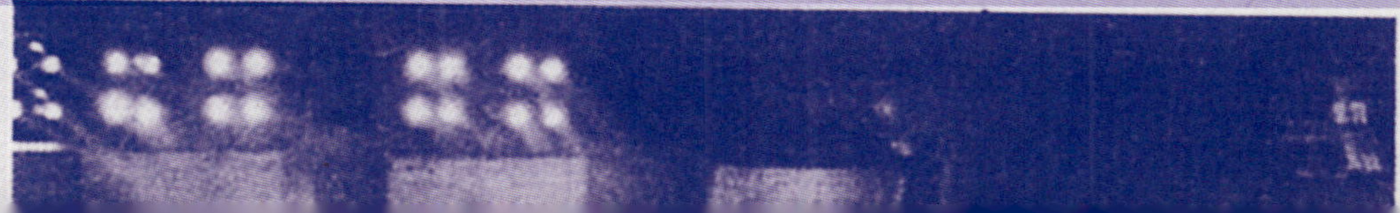

C’est un édifice à la personnalité architecturale exceptionnelle qui se dévoile alors. Il est reconnaissable entre tous avec sa façade en verre de 156 mètres en plan incliné à 60° suspendue dans les airs, ses deux avancées en pinces de crabe et son monumental cône inversé, un objet complexe à quatre rayons de courbure dans lequel se nichent deux salles en superposition de 200 et 400 places, couronnées par un amphithéâtre de 650 places. À l’intérieur du Palais, ce n’est que jeux sublimes entre ombre et lumière, symétrie et dissymétrie, mouvement et stabilité.

↑
La nouvelle façade du Palais, sous le crayon de l’artiste Danièle Fuchs (1999).

→
Le monumental cône inversé en façade du Palais, un défi architectural dont les racines s’enfoncent à 25 mètres sous terre et qui abrite, entre autres, l’amphithéâtre Bordeaux.

JEAN-DANIEL LORIEUX
LA PHOTO MISE EN SCÈNE

INGÉNIEUR DE FORMATION ET PHOTOGRAPHE DE MODE DONT LES ŒUVRES SONT AUJOURD'HUI EXPOSÉES DANS PLUSIEURS MUSÉES DANS LE MONDE ENTIER, réputé pour son talent à capter la lumière ainsi que pour la grâce et la légèreté qui se dégagent de ses images, Jean-Daniel Lorieux a, pendant des années, « shooté » le Palais des Congrès et ses hôtes comme autant d'icônes. Lui qui a sillonné le monde et réalisé des publicités célèbres pour des marques de luxe reste impressionné par le graphisme de ce bâtiment. C'est évidemment en images qu'il égrène ses souvenirs. Des souvenirs toujours heureux, assure celui qui s'est donné un leitmotiv : « La vie est belle »...

“Mes relations avec Christian de Portzamparc étaient admiratives.”

Dans son album de souvenirs, il a sélectionné cette photo de l'architecte Christian de Portzamparc (page de gauche). « Mes relations avec lui, nous confie-t-il, étaient admiratives. Il était très actif sur le chantier du Palais, je le voyais aller partout pour surveiller tout ce qui se passait. Y compris au sommet de cette grue sur laquelle je l'ai trouvé un jour perché. Pour m'amuser et pour le protéger du soleil qui était fort, je lui ai tendu un parapluie. Il l'a ouvert, j'ai aussitôt pris cette photo.
Je pense qu'elle est un bel hommage au graphisme du Palais des Congrès. »

L'AXE ROYAL

L'axe royal est l'axe historique de Paris. Il a commencé à se dessiner au XVIe siècle avec la construction, à la demande de Catherine de Médicis, du palais des Tuileries qui deviendra la résidence principale des rois de France. Son tracé s'est prolongé avec l'aménagement, au début du siècle suivant, par Marie de Médicis, d'un chemin royal à l'emplacement de l'actuelle avenue des Champs-Élysées.

Cet axe est resté l'une des voies symboliques du pouvoir en France. Il relie désormais le Louvre à la Défense, en passant par la Concorde, l'Arc de Triomphe et la porte Maillot. Soit un

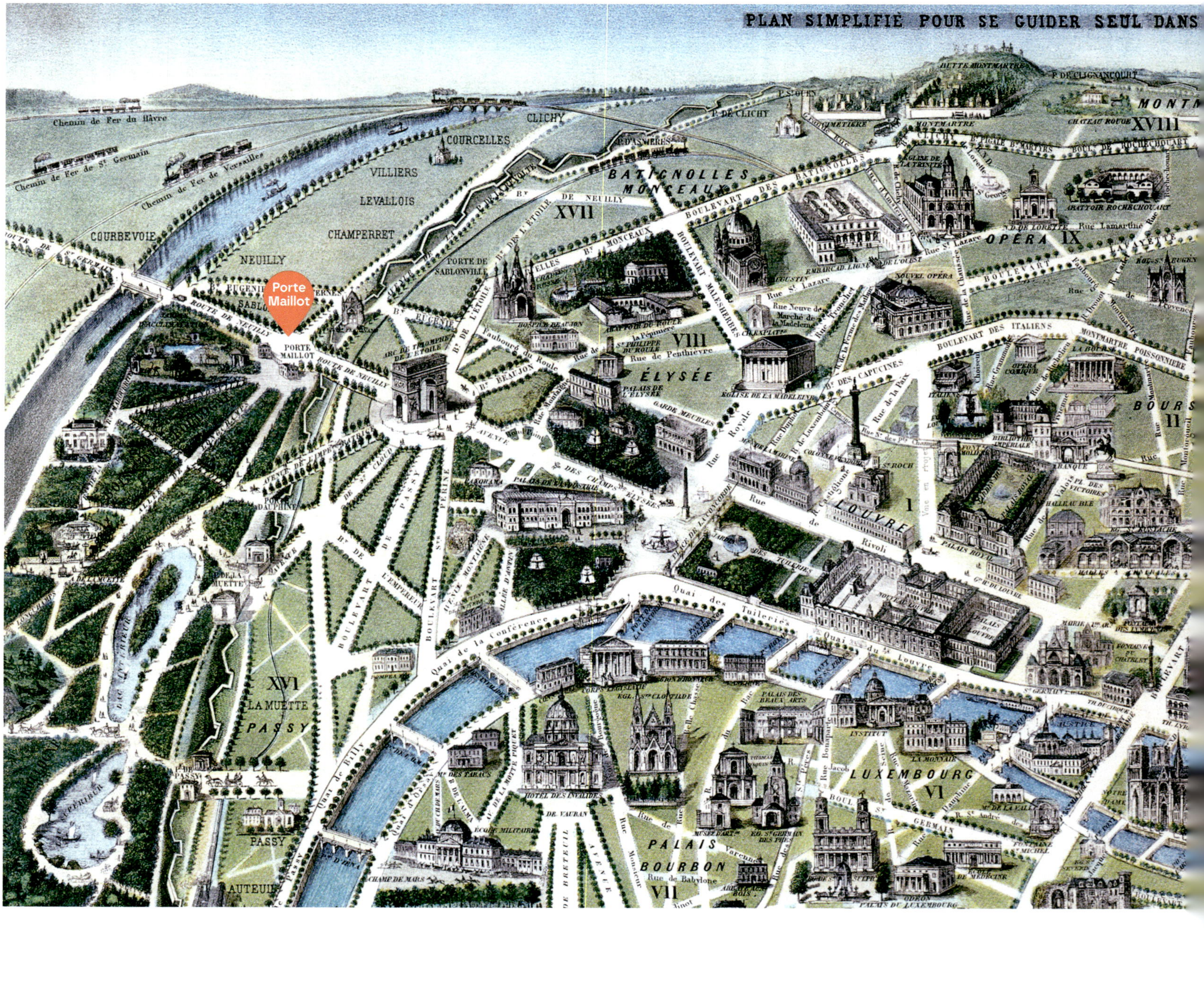

parcours d'une dizaine de kilomètres, fait d'une succession d'avenues monumentales et scandé par des lieux emblématiques et des sites historiques et architecturaux majeurs. Il concentre tout ce que Paris a de plus beau à offrir à ses habitants et à ses visiteurs.

C'est là, à mi-chemin entre le centre historique et culturel de la ville et les tours ultramodernes du pôle économique de la Défense, que le « Centre international de Paris », premier nom du Palais des Congrès, a trouvé son habitat naturel. De fait, quand, en 1966, la chambre de commerce et d'industrie de Paris commence le projet, elle a une ambition : créer un lieu emblématique qui prendra part à la fois à la vie économique et au rayonnement culturel de la capitale.
Comment imaginer qu'il soit ailleurs, ce lieu de brassage, tout en mouvement, où se rejoignent l'art et le savoir, la science et les affaires, et où le futur se conjugue au présent ?

← Plan de Paris sous le Second Empire, daté de 1864, durant les grands travaux du baron Haussmann. L'axe royal, qui court du Louvre jusqu'à l'Arc de Triomphe, se poursuit vers la porte Maillot qui n'est alors que peu aménagée.

↑ Véritable ville dans la ville, le Palais est d'emblée reconnu comme le joyau européen des centres de congrès. Ici, le premier livret d'accueil, édité en 1974.

LE PALAIS DES SUPERLATIFS

Le Palais des Congrès de Paris est bien plus qu'un palais, c'est une petite ville où l'on peut venir s'amuser, se cultiver, échanger, boire, manger, faire du shopping, travailler ou tout simplement flâner – et même dormir dans l'hôtel de 1 000 chambres, le Concorde-Lafayette devenu le Hyatt Regency Paris Étoile, conçu en même temps que lui pour accueillir ses visiteurs.
Ce Palais-là se raconte en chiffres qui donnent le tournis :

- → 19 000 m² d'espaces d'exposition répartis sur des halls communicants permettant de moduler la répartition des exposants ;
- → 4 amphithéâtres dont l'immense Grand Amphithéâtre, aux 3 723 places, ainsi que l'amphithéâtre Bordeaux construit dans le cône inversé qui plonge en façade ;
- → 70 salles de toutes les tailles conçues pour accueillir aussi bien des séminaires que des réunions ;
- → 3 500 m² de boutiques, la « Rue des Boutiques de Paris », où des enseignes prestigieuses prendront leurs quartiers ;
- → 12 salles de cinéma avec une capacité totale de 1 140 spectateurs ;
- → 24 ascenseurs, 10 monte-charges et 20 escaliers mécaniques ;
- → 1 780 places de parking en sous-sol, des gares routières et des accès directs au métro.

Le tout doté d'équipements technologiques de pointe qui n'ont cessé d'évoluer au fil des années. Le Palais des Congrès a une autre particularité : il ne prend pas une ride. On le croit éternellement neuf. Pourtant, il fête aujourd'hui ses 50 ans.

L'aérogare d'Air France, inaugurée avec le Palais, dessert les aéroports parisiens par navettes régulières. Ici, les navettes au départ le 15 avril 1974.
↓

Dès son inauguration, le Palais devient un lieu privilégié par les photographes pour les shootings de mode. Ici, en 1974.
→

COIFFEUR

les boutiques de Paris vues de la porte maillot

Nouvelle aérogare de la Capitale, le Centre International de Paris sera relié jour et nuit aux grands aéroports par autocars spéciaux.

Le départ des taxis se situera au niveau 34.50, leur arrivée ainsi que les mouvements de voitures particulières au niveau 39.00

Les parkings (3000 places) déboucheront sur ces circulations au niveau 34.50.

LES BOUTIQUES DE PARIS, en liaison directe avec ces zones d'échange, seront un passage obligé pour l'ensemble des voyageurs.

UN LIEU TOTAL

C'est à la fois, et selon les heures et les jours, Las Vegas et Carnegie Hall, Broadway et le cœur battant de la Louisiane, la Comédie-Française et le Palais Garnier, un forum international où se retrouvent les plus grands noms de la musique classique et contemporaine, des sciences, de la politique, de l'humour, de la culture, de l'innovation. Ce sont aussi des restaurants mettant à l'honneur la gastronomie française, des boutiques de mode et de luxe, des lieux de concertation où se dessine l'avenir. Qui est donc venu au Palais des Congrès ? La liste des célébrités serait bien trop longue à énumérer ! De Nelson Mandela à Frank Sinatra et Liza Minnelli, Ray Charles, Charles Trenet et Charles Aznavour qui étaient des habitués, les danseurs des Opéras de Paris et de Pékin, le Bolchoï et Maurice Béjart…

Et tout ce beau monde se croise en souplesse grâce à une infrastructure titanesque. Celle-ci permet à l'impossible de se jouer… pendant que, dans les sous-sols transformés, le temps d'un film, en QG des services secrets, deux agents spéciaux, Eddy Mitchell et Thierry Lhermitte, tournent *La Totale* sous la direction de Claude Zidi. Le secret de ce lieu total ? Un quelque chose d'indéfinissable appelé l'esprit parisien…

←
Le hub parisien du shopping devient, dès 1974, le rendez-vous incontournable de la mode, du luxe et des spécialités parisiennes.

→
La première affiche publicitaire pour les boutiques du Palais, en 1974.

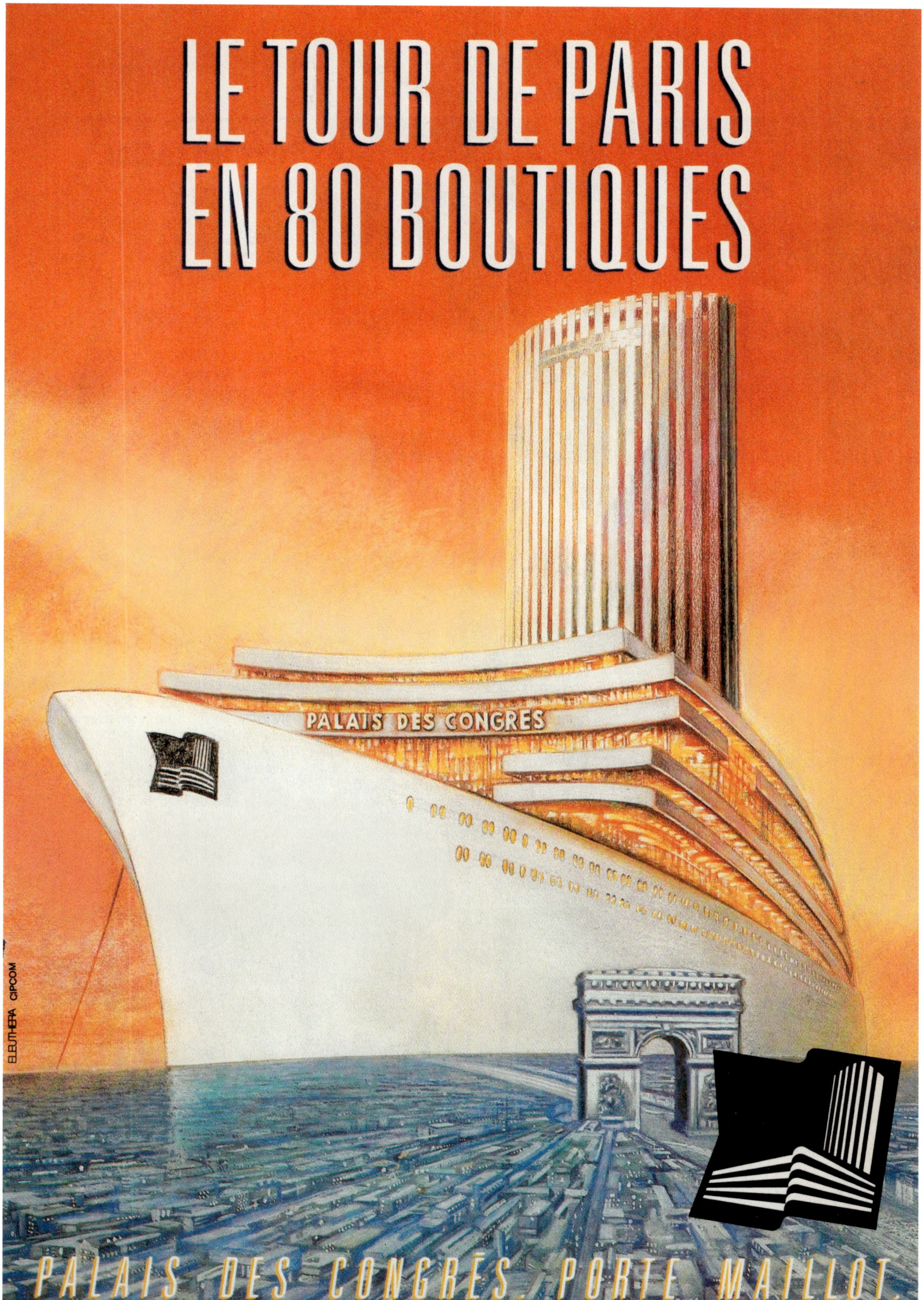
LE TOUR DE PARIS
EN 80 BOUTIQUES
PALAIS DES CONGRES
ELEUTHERA CIPCOM
PALAIS DES CONGRÈS. PORTE MAILLOT.

LE GRAND AMPHITHÉÂTRE, UNE PROUESSE ARCHITECTURALE

Il est situé au cœur du Palais des Congrès. Géographiquement, mais aussi pour toutes les activités qu'il concentre grâce à un don de polyvalence qui frise la prestidigitation ; le Grand Amphithéâtre accueille naturellement aussi bien de grands spectacles que des congrès internationaux, des conventions d'entreprises, des concerts, des ballets, des opéras, des festivals…
Il a été conçu par ses premiers architectes comme « un élément de théâtre antique, une portion du théâtre d'Épidaure mais couverte et avec des murs sur le côté ». À son inauguration, en 1974, il est, avec ses 4 000 m², la plus grande salle à vocation de musique dans le monde et la deuxième salle de congrès en termes de capacité après le Palais des Congrès de Moscou.
Cette salle spectaculaire l'est aussi par tout ce qu'elle peut offrir. Elle est construite en amphithéâtre, est conçue sans appuis intermédiaires, les deux niveaux qui la surmontent s'appuyant exclusivement sur des poutres rayonnantes d'une portée de 45 mètres. La visibilité est donc parfaite de partout.

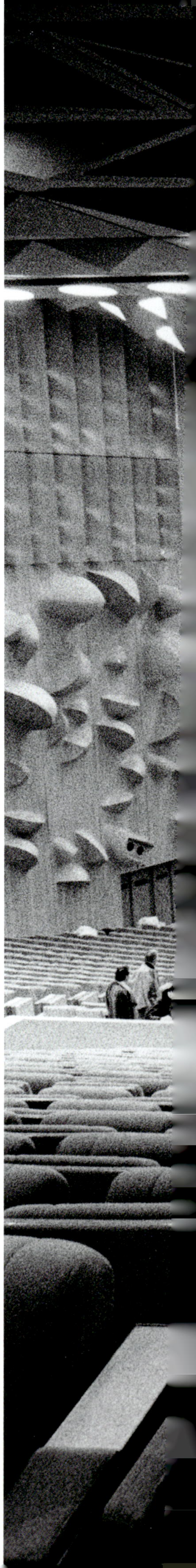

→ Une scène polyvalente qui se prête aussi bien aux plus extraordinaires des spectacles qu'aux grandes conventions.

↙ Dessin préparatoire à la rénovation du Grand Amphithéâtre, en 1991, quand les historiques fauteuils orange ont laissé la place à 3 700 nouveaux fauteuils rouges et violets.

> *« Cette salle a une aura particulière. »*
>
> **Matt Pokora**

La scène est géante, avec un plateau de 1 100 m² et une surface de jeu de 600 m² surplombant une fosse d'orchestre escamotable de 120 m². 600 projecteurs commandés par un jeu d'orgues de 512 gradateurs assurent l'éclairage scénique. Les cabines d'interprétation, la régie du son, les appareils de projection sont réunis dans une galerie technique à l'arrière de la salle. Et, le long des murs, d'étranges sculptures en forme de bosses, créées par l'artiste Hajdu, charment les regards… et assurent une fonction acoustique en limitant les phénomènes d'écho.

Le Grand Amphithéâtre a été plusieurs fois rénové, réaménagé, amélioré, sans rien perdre des caractéristiques qui continuent de le distinguer parmi ses pairs. Et c'est ici, dans cette salle et sur cette scène, que se succéderont au fil des ans toutes celles et tous ceux qui ont fait l'Histoire – de la musique, du spectacle, des sciences, de l'économie, de la politique…

SONS ET LUMIÈRES

Le 12 mars 1974, moins de deux semaines après son inauguration, le Palais des Congrès accueille sa première grande manifestation internationale : le Festival du son. Les 200 entreprises les plus innovantes en matière de hi-fi et de stéréophonie, venues des États-Unis, du Japon, d'Allemagne, de Grande-Bretagne, de Norvège, se sont donné rendez-vous ici pendant une semaine.
Les possibilités offertes par le Palais en matière d'espaces et de technologies, couvrant tout l'éventail des possibilités audiovisuelles existantes à l'époque transforment cette édition du Festival en événement d'avant-garde.

Le Festival du son s'affiche, en mars 1974, sur la façade du Palais des Congrès. Il sera le premier d'une très, très longue série d'événements internationaux qui prendront ici leurs quartiers.
↓

↑
Festival international du son, mars 1977.

L'atmosphère est électrisante : des passionnés, des professionnels, des musiciens du monde entier, beaucoup de curieux aussi, découvrent, stupéfaits, des innovations révolutionnaires, des platines vinyles aux enceintes à qualité de son d'une finesse optimale.
Des concerts et des performances mémorables se succèdent. L'un marquera pour longtemps les esprits (et l'histoire de la musique classique) : une légende vivante, Arthur Rubinstein, qui a alors 87 ans, dialogue au piano avec l'Orchestre de Paris dirigé par Daniel Barenboim. Dans le Grand Amphithéâtre, où les jeux de lumière se rajoutent à la magie du spectacle, 3 700 spectateurs subjugués les acclament debout.

→
Double page suivante : créées par Étienne Hajdu, les sculptures parant les murs du Grand Amphithéâtre, à la double fonction esthétique et acoustique.

LES ARTISTES

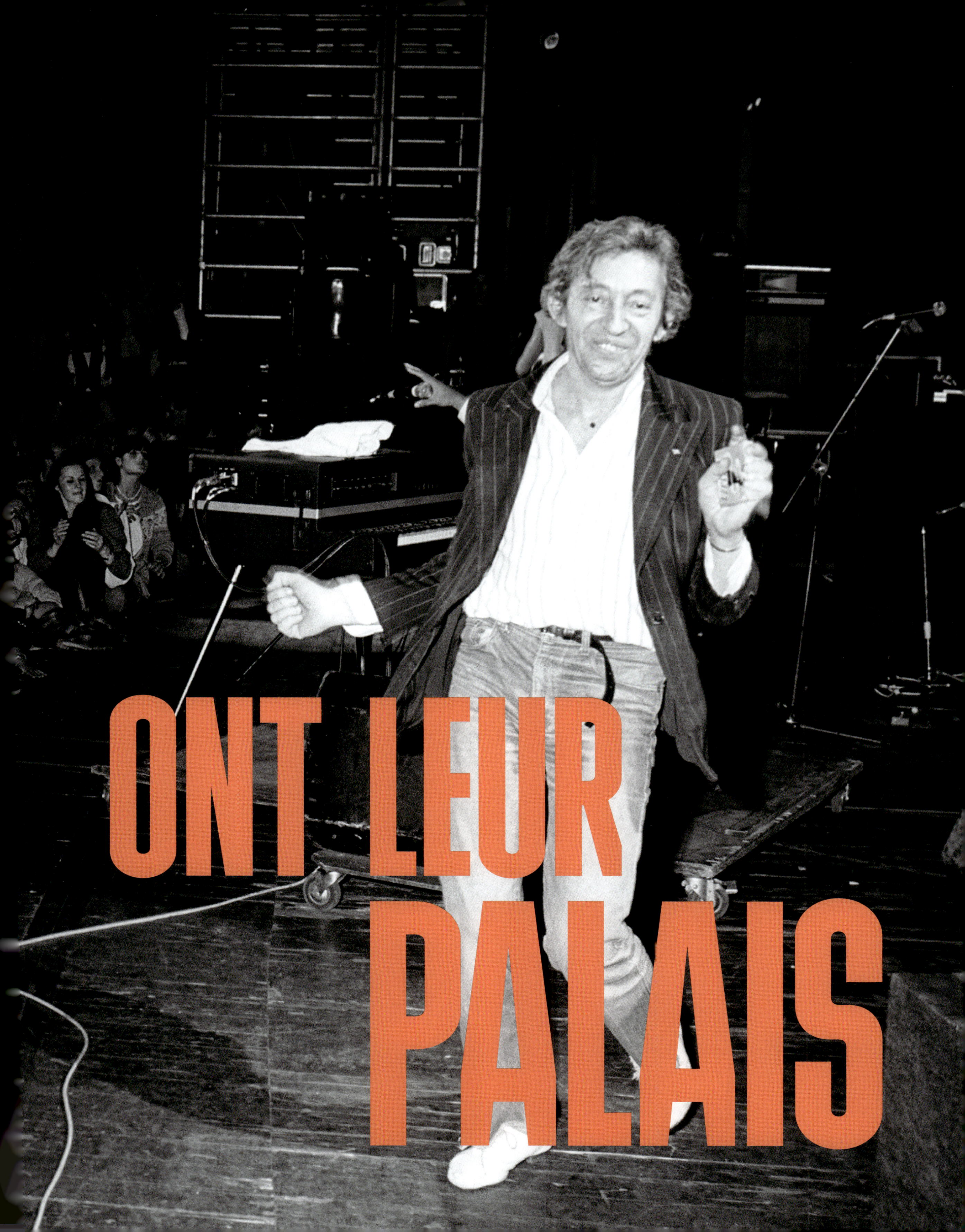

ONT LEUR PALAIS

LA VIE
DES COULISSES

←
Double page précédente : un SERGE GAINSBOURG hilare quitte la scène après son duo avec Julien Clerc, lors d'une soirée de gala de ce dernier le 28 octobre 1980.

Dans les entrailles du Palais des Congrès existe un autre monde. Un monde fabuleux dédié à la création de la magie qui se déploiera là-haut, devant des spectateurs émerveillés. On y accède par des portes dérobées, par des ascenseurs, par des escaliers et même par les monte-charges qui y font halte en reliant la gare de marchandises située tout en bas aux coulisses de la scène du Grand Amphithéâtre, un autre espace insolite, modulable, qui sert, selon les jours, de vestiaire pour un spectacle ou de salle de réception privée.

←
DALIDA, JOHNNY HALLYDAY et MICHEL SARDOU rejoignent SYLVIE VARTAN dans sa loge pour trinquer au succès de sa première, le 13 octobre 1977.

↑
YVES MONTAND plaisante avec les artistes du Cirque de Pékin avant leur spectacle, le 18 mai 1981.

Ce monde secret est fait d'immenses couloirs. Derrière les portes qui s'y alignent se révèle l'extraordinaire. Ici, il y a des loges. Certaines sont individuelles, comme celle que s'était littéralement approprié l'immense Daniel Barenboim dans les années 1970. Plus loin, ce sont des loges collectives qui se transforment en ruches à quelques heures d'un spectacle. Il y a, derrière une autre porte, une scène secrète de 420 m² avec une tribune et des équipements dédiés aux répétitions en taille (presque) réelle. On y trouve aussi un salon de coiffure, des ateliers, de grands espaces de stockage pour les décors, les costumes, les instruments de musique.

Ce monde secret est souvent le lieu de scènes insolites. La mémoire du Palais se souvient encore de Robert Hossein, un habitué qui s'y sentait « à la maison », flânant souvent en chaussettes et caleçon… au point d'aller accueillir ainsi vêtu, à l'entrée des artistes, une équipe de télévision venue le filmer. Ou encore de Samba, l'éléphanteau du *Soulier qui vole*, le spectacle de Chantal Goya, qui prit un jour la clé des champs… pour se promener dans le monde enchanté des coulisses du Palais des Congrès.

↖
La toute première fois de SYLVIE VARTAN, le 4 octobre 1975, porte Maillot. Pour marquer le coup… et faire le buzz, JOHNNY HALLYDAY la dépose devant l'entrée dans leur rutilante Bugatti.

↑
SERGE LAMA a souvent fêté son anniversaire au Palais des Congrès. Le 11 février 1979, il célèbre ses 36 ans avec ses amis DANIEL GUICHARD, NICOLE CROISILLE, DALIDA, MARIE-PAULE BELLE et MICHEL FUGAIN.

←
En 1979, dans les coulisses de *Starmania* et de la grande histoire d'amour entre FRANCE GALL et MICHEL BERGER.

↑
Le recordman des concerts CHARLES AZNAVOUR trône en son Palais.
En 2004, il pose pour son ami photographe Jean-Daniel Lorieux avant son entrée en scène.

LE PALAIS DES VARIÉTÉS

Le Palais des Congrès a toujours été la salle des grands rendez-vous pour les artistes de variété. Dès 1975, Léo Ferré y réalise son rêve en chantant et dirigeant 140 musiciens et choristes ; Francis Lalanne y donne un concert mémorable en 1984, avec la scène envahie par ses fans ; Patricia Kaas s'y produit en 2000, Serge Reggiani trois fois en 2003, Florent Pagny en 2005, Grand Corps Malade y connaît sa consécration populaire en 2007, Francis Cabrel en 2008, Marc Lavoine en 2022...

Du haut de ses 83 printemps, l'éternellement jeune HUGUES AUFRAY retrouve le Palais des Congrès en novembre 2012.
↓

↑
LÉO FERRÉ se métamorphose en chef d'orchestre le 7 novembre 1975. Le poète dirige les 120 musiciens de l'orchestre Pasdeloup et réalise l'un de ses rêves.

→→
Double page suivante : le 22 septembre 1981, JULIO IGLESIAS fait un triomphe devant un Palais comble et comblé. Mireille Mathieu, Nana Mouskouri et Dalida l'applaudissent au premier rang.

↑
MIREILLE MATHIEU
emportée par la joie et la foule à la fin de son récital de 1986.

↑
GILBERT BÉCAUD, alias « Monsieur 100 000 volts », ici en 1993, faisait vibrer le Palais comme personne avec ses shows électriques.

“Le Palais est une salle exigeante, il faut l’habiter, être là à 150 % ! ”

SERGE LAMA :

« JE CHANTAIS, JE MANGEAIS, JE VIVAIS PALAIS »

SERGE LAMA AIME RACONTER SA SALLE FÉTICHE. « Avec Aznavour, je suis celui qui y a le plus chanté. À son ouverture, mon producteur et mon imprésario me répétaient : “Serge, il faut faire le Palais.”
C’était la plus grande salle parisienne avec le Palais des Sports, qui était bien pour Johnny mais pas pour moi. Le Palais était plus chic, apprécié par une clientèle aisée. J’ai fait un test, j’ai essuyé les plâtres. J’entendais à peine ma voix et les applaudissements, le son était métallique. Mais le public était ravi. On vendait même des billets sur les marches, tellement ça... marchait ! Alors j’ai accepté de faire une série de quinze jours, du 15 janvier au 2 février 1975, en rectifiant le tir avec les ingénieurs du son. Cela s’est bien amélioré et j’y ai enregistré trois albums live. En 1977, 1979 et 1981, j’y ai donné plus de 200 concerts ! J’ai réuni 300 000 spectateurs en 1979 et 330 000 en 1981. Je suis rentré dans le *Livre des Records* comme chanteur européen à rester aussi longtemps dans une même salle. Je donnais deux représentations le dimanche, et le dernier jour, je tenais à faire trois concerts, à 14 heures, 17 heures et le soir. Cent chansons dans la journée, une performance !

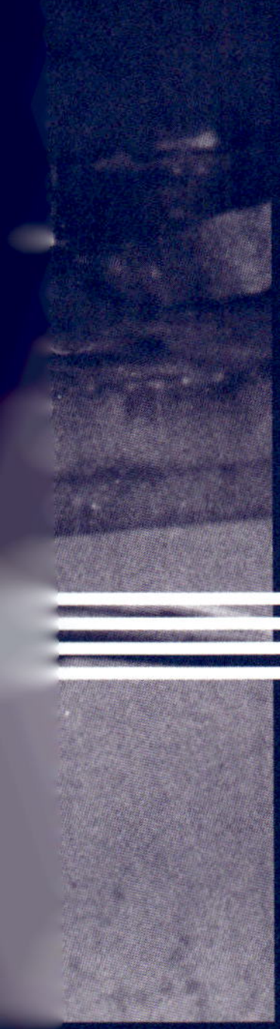

← SERGE LAMA répond à la presse, le 7 janvier 1977, avant son retour sur scène.

Même mon père, chanteur d’opéra, se demandait comment ma voix tenait. Le Palais était une salle exigeante, il fallait l’habiter, être là à 150 % ! Ma grande fierté, c’est d’avoir chanté *Je suis malade* sans micro à Romy Schneider, assise au premier rang. Je garde un souvenir ému aussi de l’avoir interprétée avec Lara Fabian en 1995 et de lui avoir fait la surprise de la laisser seule au rappel pour l’interpréter. Je m’étais assis sur un strapontin pour écouter sa merveilleuse version. Pour mon anniversaire, le 11 février, j’ai fait réaliser trois années d’affilée par Lenôtre d’immenses gâteaux que je partageais dans le hall avec le public. Après mon spectacle, je montais sur un escabeau pour couper les parts. Ma loge était immense et pourtant toujours remplie ! J’y ai vécu des moments très forts. Le parking a fait partie du succès de tous les chanteurs, car c’était simple de se garer dessous, on pouvait venir de loin. Comme le Studio de la Grande Armée, en dessous, où on mixait nos lives et où j’ai enregistré un album studio. Je ne rentrais pas chez moi, je dormais dans l’hôtel en face, au Méridien, je mangeais à midi au Palais et le soir chez Charly de Bab El Oued, en face... Je chantais, je mangeais, je vivais Palais ! Après *Napoléon*, j’y suis revenu en 1995 pour 18 galas et en 2009 pour 3 soirées.
En tout, j’ai dû y passer une année de ma vie, c’est fou ! »

“Tout était permis. C'était devenu ma maison, j'y avais élu domicile.”

SYLVIE VARTAN :
« ON POUVAIT FAIRE DE GRANDES CHOSES »

EN 1975, SYLVIE VARTAN A ENVIE DE CHANGEMENT, D'UN SHOW À L'AMÉRICAINE. « J'avais toujours fait l'Olympia et je voulais voir plus grand, raconte la star. Les gens du métier clamaient que le Palais des Congrès était trop moderne. Même mon entourage a essayé de m'en dissuader, mais j'y tenais. J'ai bravé leurs conseils. »

Elle est la première chanteuse française à s'y produire, du 4 octobre au 4 novembre 1975. Vingt-huit concerts d'affilée ! « Le résultat a été formidable, se souvient-elle. Tout était surdimensionné, la scène, le système de lumières flambant neuf, les loges. Cette salle m'a donné envie d'un spectacle plus théâtral, plus chorégraphié. J'avais passé du temps à Los Angeles et à Londres et je suis revenue avec Walter Painter, le chorégraphe d'Ann-Margret. J'ai vu aussi Shirley MacLaine juste avant moi et ce fut très inspirant. En 1975, on avait un numéro incroyable avec des bicyclettes, des agents de police, vrais et faux. J'ai même reçu le Fauteuil d'Or pour avoir attiré 115 000 spectateurs ! L'année suivante, on a ajouté un tableau sur Las Vegas, avec une voiture sur scène. Je me suis follement amusée. Je dansais beaucoup, j'étais accompagnée de quatorze danseurs, personne ne faisait ça. En 1977 et 1978, je suis revenue avec le metteur en scène d'Elvis Presley. Cette salle m'a beaucoup inspirée et a relancé ma carrière. C'était une période passionnante, flamboyante. Au Palais, on pouvait faire de grandes choses, comme avoir l'orchestre dans la fosse en première partie et sur scène en seconde. Tout était permis. Je venais avec Johnny dans sa Bugatti, c'était trop drôle ! C'était devenu ma maison, j'y avais élu domicile, je dormais la veille de mes premières à l'hôtel Hyatt, au-dessus. Je ne pouvais pas m'éloigner sinon ça m'angoissait. La salle était très jolie, les gens s'habillaient pour sortir. Il y avait du beau monde à mes concerts, Mick Jagger, Natalie Wood, Kirk Douglas, Catherine Deneuve... Mon fils David est même venu m'accompagner au piano. J'y suis revenue en 1983 et j'ai fait trois mois à guichets fermés, c'était le feu, la folie. Les fans aussi sont très attachés à ce lieu, ils m'en parlent souvent. »

Elle y est retournée en 2004 et 2008, y a enregistré trois albums live en 1975, 1978 et 1983, deux albums studio. « C'est pour cela que je l'ai choisi pour mes adieux, début 2025, dit-elle. J'y ai laissé beaucoup de mon cœur. »

← **SYLVIE VARTAN** revient en force sur scène en 1975 avec un spectacle haut en couleur et en danses inspiré des shows américains.

MICHEL SARDOU :
« LA NUIT OÙ J'AI OUBLIÉ BARBARA DANS MON PLACARD »

ON PEUT PRESQUE DIRE QUE MICHEL SARDOU A PASSÉ LES ANNÉES 1980 AU PALAIS DES CONGRÈS. Après une première série de 33 concerts en 1978, dont il tira un premier album live, l'interprète de *La Maladie d'amour* revient avec une précision de métronome s'y installer tous les deux ans. 27 galas en 1981, 40 en 1983, 44 en 1985, 44 en 1987… De ses mois passés porte Maillot, Michel Sardou se souvient surtout des coulisses et de « la dame en noir », qui venait le voir tous les soirs dans sa loge. « Barbara, avec qui j'étais très ami, me reprochait d'être toujours habillé en noir, raconte-t-il. C'est l'hôpital qui se fout de la charité. Elle cousait sur ma ceinture des pastilles de couleur. Elle restait avec moi mais ne voulait pas être présente quand les amis venaient me voir après le concert, alors elle s'enfermait dans mon armoire à costumes. Un soir, les discussions d'après show ont duré tellement longtemps que je l'ai oubliée dedans. Je pars et je me dis "merde, j'ai oublié Barbara". Essayer de persuader le gardien de nuit que je venais chercher Barbara enfermée dans un placard, ça a été quelque chose ! Cette anecdote nous a fait marrer pendant des jours. »

« Michel adorait se produire sur la scène du Palais avec le grand orchestre de René Coll, se remémore Gilbert Coullier, le producteur de Sardou dans les années 1980. C'était une salle parfaite pour lui. Il y a d'ailleurs enregistré pas moins de cinq albums live. » L'intéressé ajoute que « c'était la seule grande salle digne de ce nom ». Il garde aussi un bon souvenir du Studio de la Grande Armée où il a enregistré deux albums, *Victoria* et *Io Domenico*. Son producteur, lui, cite un dîner de gala. « Je crois que c'est la seule fois qu'il y a eu un tel dîner sur la scène du Palais des Congrès, avance Gilbert Coullier. C'était après la générale de février 1985, orchestré par le chef étoilé François Clerc. » « Il y avait le Tout-Paris qui pétille, précise Claude Pierre-Bloch, son attaché de presse de l'époque, qui avait eu l'idée de ce repas. Barbara et Mireille Darc, qui étaient là tout le temps, mais aussi Serge Lama, Jean-Claude Brialy, Alain et Anthony Delon, Eddy Mitchell, Claude Lelouch, Dalida… » À partir de 1989, Michel Sardou pose ses bagages à Paris-Bercy, mais revient porte Maillot en 1992 pour les Victoires de la musique. Non pas pour en recevoir une mais pour en être animateur, auprès de Jean-Luc Delarue et Eddy Mitchell. « Avec Eddy, on a tout improvisé, rigole-t-il. On n'avait rien répété, on est arrivés à 18 h 30, on est montés sur scène et on a fait des blagues toute la soirée. On s'est bien marrés ! »

→ L'artiste toujours aussi sobre, ses fans toujours aussi fervents… Un des nombreux passages de MICHEL SARDOU, le 27 février 1983.

“C’était la seule grande salle digne de ce nom.”

BRYAN FERRY ET ROXY MUSIC : « CE FUT UN HONNEUR DE L'INAUGURER »

« CE FUT UN HONNEUR D'INAUGURER LE PALAIS DES CONGRÈS AVEC ROXY MUSIC ET D'Y REVENIR BIEN PLUS TARD EN SOLO. » Le message envoyé par Bryan Ferry est court mais son attachement à la salle parisienne est long. Le chanteur britannique foule la scène pour la première fois le 27 novembre 1974 avec son groupe Roxy Music, dont le glam racé fait alors danser les jeunes Européens branchés. Même Claude Fléouter, le critique musical du *Monde*, à la plume parfois assassine, est sous le charme de leur « rock précis et flamboyant joué par des musiciens professionnels qui savent la portée des effets savamment dosés ». « Roxy Music a la manière pour enrober son produit dans un spectacle : utilisation des lumières, de la parure, voix de Bryan Ferry qui change d'intonation, qui entre dans une sorte de théâtralisation », écrit-il au lendemain du concert. Quarante-quatre ans plus tard, Bryan Ferry, désormais septuagénaire, revient en crooner chic et en solo choc. Le 2 mai 2018, pour le plus grand bonheur de ses fans de la première heure, il alterne les classiques de son ancien groupe et ses propres tubes, et les gratifie même d'une chanson surprise, *Editions of You*, en troisième rappel. Un de ses meilleurs concerts français.

→ BRIAN FERRY est le premier chanteur anglo-saxon programmé au Palais des Congrès, le 27 novembre 1974, avec son groupe Roxy Music.

“Il y avait une ambiance folle.”

LE FORESTIER JOUE POUR 10 FRANCS

EN 1975, MAXIME LE FORESTIER A 26 ANS ET ENCHAÎNE LES TUBES : *Parachutiste, San Francisco, Éducation sentimentale, Mon frère...* La demande et l'engouement sont tels qu'on lui propose de se produire dans cette nouvelle grande salle parisienne. « Il fallait du courage à Roland Hubert pour me produire, car à 10 francs la place, il n'était pas possible de gagner beaucoup d'argent. Moi qui chantais dans des hangars en périphérie des villes, je découvrais le luxe. » Pour des raisons économiques, ils ajoutent des gradins et 400 spectateurs sur scène. « Autant dire qu'il y avait une ambiance folle. Heureusement, parce que dans une salle où l'on est si bien assis, on peut facilement s'endormir... C'est arrivé à une journaliste pendant un concert de Julio Iglesias. » Le Forestier occupe la salle du 1er au 21 mars et change de premières parties tous les soirs. « Je commençais le concert, je cédais ma place après une demi-heure et je revenais finir. J'ai ainsi pu accueillir Jacques Villeret, ma sœur Catherine, qui chantait en arabe sous le nom d'Aziza, Joël Favreau... J'avais demandé au service d'ordre de ne pas venir en uniforme, j'avais peur que cela déplaise à mon public. » Ce qui l'a affolé, lui, c'est le vol qui a eu lieu dans sa loge... « Je me suis aperçu au bout des trois semaines que la guitare prêtée par mon ami Georges Moustaki avait disparu de son étui. J'étais dépité. Je lui ai offert la toute première guitare électroacoustique, qui venait du Canada, pour me faire pardonner. » Le chanteur folk reviendra en 1996, en spectateur et en vainqueur, pour y recevoir la Victoire de la musique de l'album de l'année.

↑ En février 1975, MAXIME LE FORESTIER passe des hangars de périphérie au luxe parisien. Mais il maintient le prix des billets... à 10 francs.

40 ANS D'AMOUR PAR JULIEN CLERC

JULIEN CLERC A FRÉQUENTÉ LE PALAIS DES CONGRÈS ENTRE 1978 ET 2021, PLUS DE 40 ANS D'HISTOIRE COMMUNE ! « J'y suis très attaché et n'y ai que de bons souvenirs, confie le chanteur. Au début, je craignais que la salle soit trop grande pour moi, mais elle est bien proportionnée. Mes premiers concerts y ont été déterminants pour ma carrière. Vingt-deux d'affilée, ce n'est pas rien ! J'ai chanté *Ma préférence* sur le bord de la scène assis devant Catherine Deneuve. En 1980, j'y ai fait 35 dates, avec six costumes différents dans le show, dont un « smoking éponge » de Daniel Hechter qui m'avait valu des railleries. Lors d'une soirée spéciale, le 28 octobre 1980, j'avais invité Serge Gainsbourg et Gérard Depardieu sur scène. J'avais chanté

> *« C'est une salle de music-hall, à l'américaine. Je ne m'en lasse pas. »*

Mangos en duo avec Serge qui avait eu un beau succès. Puis Gérard nous a rejoints pour chanter deux ou trois chansons de son album solo, qui venait de sortir. En coulisses, ils m'avaient remis un Disque d'or et avaient bien bu. » Julien Clerc est revenu trois soirs en 2012, pour lancer sa tournée symphonique. « Encore une fois un excellent souvenir, se rappelle-t-il. Le rapport avec le public y est excellent et le son est tellement meilleur qu'ailleurs. C'est une salle de music-hall, à l'américaine. Je ne m'en lasse pas. »

→ Depuis sa première, en 1978, le Palais des Congrès a toujours eu la préférence de JULIEN CLERC.

LA SALLE DE

TOUS LES SPECTACLES

UN ÉCRIN POUR LES CÉSAR

←
Double page précédente : emmenée par Daniel Balavoine et France Gall, la troupe franco-québécoise de *Starmania* casse les codes de la comédie musicale en 1979.

En 1976, le journaliste et producteur Georges Cravenne crée les César qu'il imagine comme le pendant français des Oscars. Pour le lancement de ce qui deviendra la récompense majeure du cinéma français, il lui faut un écrin emblématique, le Palais des Congrès bien sûr. Et un président de cérémonie mythique : Jean Gabin. Le premier César du meilleur acteur est attribué cette année-là à Philippe Noiret pour *Le Vieux Fusil*, et celui de la meilleure actrice à Romy Schneider pour *L'important c'est d'aimer*.
À six reprises, les César reviendront au Palais. C'est là qu'en 1981, François Truffaut a battu un record avec 10 César pour *Le Dernier Métro*. Là aussi qu'en 1987, Yves Montand, les larmes aux yeux, a reçu l'hommage de ses pairs pour l'ensemble de sa carrière.

→
MICHÈLE MORGAN, radieuse sur la scène du Grand Amphithéâtre, aux côtés du président de cérémonie, JEAN GABIN, le 3 avril 1976.

↓
MARIE-FRANCE PISIER, César 1976 de la meilleure actrice pour un second rôle (dans *Cousin Cousine*), entourée de JEAN LEFEBVRE (à sa gauche) et JEAN CARMET.

L'ORCHESTRE DE PARIS EN RÉSIDENCE

En 1974, l'Orchestre de Paris, fondé sept ans plus tôt, inaugure le Palais des Congrès avec une retentissante *9ᵉ Symphonie* de Beethoven jouée sous la direction de Sir Georg Solti. Et il s'y installe en résidence permanente avec le chœur qui lui est associé, ce qui représente près de 400 musiciens et chanteurs, sans compter les membres de son administration.
L'Orchestre élira domicile au Palais jusqu'en 1981, y donnant plus de 240 concerts et invitant à son pupitre les plus grands chefs d'orchestre, d'André Previn à Riccardo Muti en passant par le géant Mstislav Rostropovitch.
Les murs du Grand Amphithéâtre se souviennent encore de Zubin Mehta dirigeant, en 1977, les *Gurre-Lieder*, une œuvre démesurée d'Arnold Schönberg, entouré de chœurs et de solistes stars dont Jessye Norman, Rose Wagemann, Raimund Herincx, Uwe Friedrichsen… C'est d'ailleurs l'année où, pendant trois jours, Daniel Barenboim avait confié sa légendaire baguette de chef d'orchestre à Pierre Boulez pour s'asseoir lui-même au piano et se livrer à un exceptionnel *Pierrot lunaire* unanimement salué.
Dans la petite histoire du Palais des Congrès, il y a également cet orgue monumental commandé par l'Orchestre de Paris, destiné à prendre place dans le Grand Amphithéâtre, en fond de scène, sur une plateforme en béton spécialement bâtie pour l'accueillir. Mais l'orgue… ne fut jamais installé. La plateforme, elle, fut démontée des années après le départ de l'Orchestre.

En différé du Palais des Congrès

55

Requiem

(K. 626)
de **MOZART**
par
L'ORCHESTRE DE PARIS

Daniel Barenboïm

sous la direction de **Daniel Barenboïm**
Chœurs de l'Orchestre de Paris
sous la direction d'**Arthur Oldham**
Solistes :
Barbara Hendricks, soprano
Birgit Sinnilä, mezzo soprano
Robert Tear, ténor
Karl Ridderbusch, basse
REALISATION TV D'YVES-ANDRE HUBERT

Longtemps oréaolée de mystère, la genèse de la messe de Requiem est bien connue de nos jours. Commandé par le comte autrichien von Walsegg — il avait l'habitude de se faire exécuter, en se les attribuant, les œuvres qu'il payait — le Requiem n'était pas achevé à la mort de Mozart. Ne disposant que de l'Introït et du Kyrie complets, et seulement d'indications pour les autres parties de l'œuvre, la veuve de Mozart demanda à Franz Xaver Süssmayr de terminer la partition. Cette messe des morts fut exécutée pour la première fois en décembre 1793 sous le nom de Von Walsegg.

→
Fac-similé d'un article de *Télé 7 Jours* consacré à la retransmission d'un concert de l'Orchestre de Paris depuis le Palais des Congrès le 18 mars 1978.

↑
Le 28 février 1974, Sir GEORG SOLTI dirige l'Orchestre de Paris dans le Grand Amphithéâtre du Palais des Congrès.

→
Double page suivante : DANIEL BARENBOIM, chef d'exception, avec l'Orchestre de Paris, en résidence au Palais, en 1978. Barenboim s'y était même approprié une loge.

EUROVISION : LE PARI FRANÇAIS

En 1978, la France, qui a remporté l'année précédente le concours de l'Eurovision de la chanson, est chargée de l'organisation de sa 23e édition. Celle-ci, se promet-on, sera spectaculaire. Pour cela, il lui faut un lieu d'exception, concentrant le meilleur des technologies. Le choix se porte bien évidemment sur le Palais des Congrès.
Et il y en eut, des premières, cette année-là ! D'abord la place de l'orchestre, à même la scène, sur une structure mobile tournant sur elle-même, lui permettant de s'effacer quand, après une prestation, Denise Fabre et Léon Zitrone reprenaient le micro. Ensuite, les « cartes postales » accompagnant en direct les artistes depuis les loges jusqu'à leur entrée en scène. Enfin, la technique de l'écran éclaté est mise au point pour montrer simultanément le tableau de vote, la scène, les coulisses… et le public où se trouvent, entre autres, un Serge Gainsbourg et une Jane Birkin enthousiastes. Du jamais-vu !

→
Avec leur chanson *A-Ba-Ni-Bi*, les Israéliens Izhar Cohen et The Alphabeta remportent, en 1978, le Grand prix de l'Eurovision organisé au Palais des Congrès de Paris.

L'OPÉRA POUR TOUS

Dès l'été 1974, l'Opéra de Paris devient un invité d'honneur du Palais des Congrès. Son premier test, 14 représentations de *Notre-Dame de Paris*, créé par Roland Petit, est un triomphe. L'objectif de la vénérable institution est atteint : toucher un public plus large, d'une part grâce aux capacités d'accueil du Grand Amphithéâtre, deux fois plus vaste que la salle du Palais Garnier ; d'autre part, en bénéficiant des tarifs plus attractifs de la billetterie du Palais des Congrès.
Les possibilités techniques du Grand Amphithéâtre et l'ampleur de sa scène sont mises à contribution pour explorer des formes audacieuses de spectacle et oser de nouveaux décors. La vidéo s'invite pour la première fois à l'occasion des 28 représentations de *La Belle au bois dormant*, en 1983 – l'installation du matériel audiovisuel avait alors duré… un mois entier. En 1987, les 9 représentations de *Boris Godounov* pulvérisent un record en mobilisant chacune plus de 300 artistes. Et, en 2022, l'*Aida* de Verdi s'y transforme en un spectacle pharaonique, avec des décors grandioses et une scénographie ample mobilisant pour certains tableaux plus de 100 artistes sur scène.
Véritable temple de l'Opéra, le Palais des Congrès a accueilli les plus belles voix du monde – dont Montserrat Caballé, en 1981, pour un *Crépuscule des dieux* dirigé par Zubin Mehta, et Luciano Pavarotti qui y reprend, en 1984, le *Requiem* de Verdi sous la direction de Daniel Barenboim. Les plus grandes troupes internationales se sont produites ici, de l'Opéra de Varsovie à celui de Pékin.

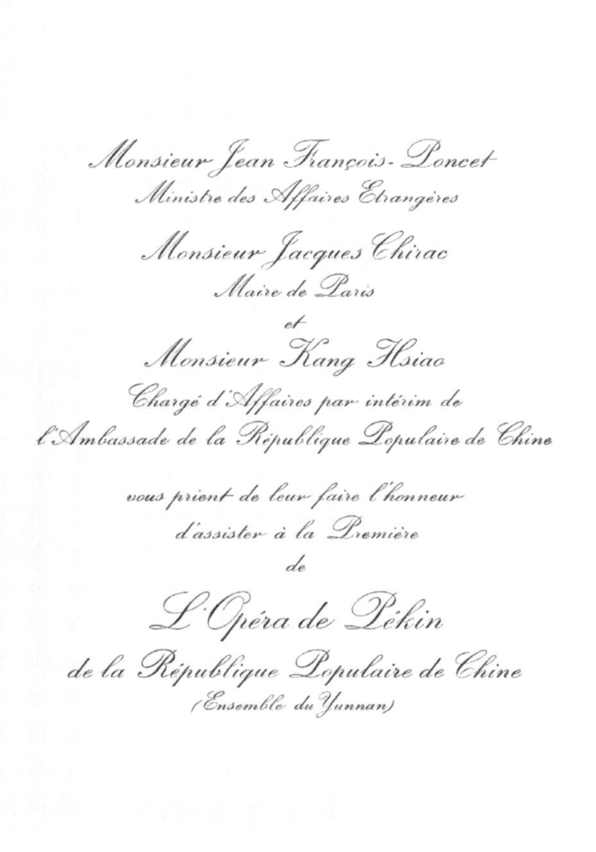
Monsieur Jean François-Poncet
Ministre des Affaires Etrangères
Monsieur Jacques Chirac
Maire de Paris
et
Monsieur Kang Hsiao
Chargé d'Affaires par intérim de
l'Ambassade de la République Populaire de Chine
vous prient de leur faire l'honneur
d'assister à la Première
de
L'Opéra de Pékin
de la République Populaire de Chine
(Ensemble du Yunnan)

→
Carton d'invitation pour la première de l'Opéra de Pékin, le 23 avril 1980.

→→
Affiche du spectacle des Chœurs de l'Armée rouge, en 1989. Le Palais des Congrès était, à l'époque soviétique, l'une des rares scènes occidentales où ces chœurs se produisaient régulièrement.

PALAIS DES CONGRÈS
ALBERT SARFATI
présente
19 avril au 21 mai 1989
CHŒURS et DANSES
DE L'ARMÉE ROUGE
D'ALEXANDROV
LOCATION : PALAIS DES CONGRÈS . PORTE MAILLOT 75017 PARIS
FNAC ET TOUTES AGENCES Renseignements : 46 40 28 30

COMÉDIE FRANÇAISE
1680
Cyrano
de Bergerac
D'EDMOND ROSTAND
décors et costumes de Jacques DUPONT
musique de scène de Marcel LANDOWSKI
mise en scène de Jacques CHARON
adaptée par Jean-Paul ROUSSILLON
21 représentations
exceptionnelles
100 interprètes
DU 22 SEPT. AU 10 OCT. 1976
PALAIS
DES CONGRÈS
Centre International de Paris

LA COMÉDIE-FRANÇAISE ET CYRANO S'INVITENT AU PALAIS

En septembre 1976, alors que les travaux de rénovation se prolongent salle Richelieu, la Comédie-Française cherche un lieu d'accueil provisoire. Plutôt qu'un autre théâtre, les sociétaires prennent le risque de s'installer au Palais des Congrès.
Le metteur en scène Jean-Paul Roussillon relève le défi : pour 21 représentations exceptionnelles, il adapte *Cyrano de Bergerac* à un plateau trois fois plus grand que ceux qu'il connaît et à une salle pouvant accueillir près de cinq fois plus de spectateurs que la salle Richelieu. C'est, pour lui, l'occasion de déployer une figuration nombreuse et d'offrir à trois Cyrano (Jacques Destoop, Alain Pralon et Jacques Toja) le bonheur de goûter au gigantisme du Grand Aumphithéâtre.
Cette incursion hors les murs aura permis à la Comédie-Française de rencontrer un nouveau public – les 50 000 places disponibles ont toutes été vendues. Quant à l'accueil de la critique, il fut particulièrement louangeur, ainsi résumé dans *Le Monde* : « L'impression de ce Cyrano : des couleurs et une grande harmonie visuelle. »

←
CYRANO DE BERGERAC au Palais des Congrès fait la une du *Journal de la Comédie-Française* (le « JCF ») dans son numéro daté de septembre-octobre 1976)

↑
ALAIN PRALON en Cyrano.

IL EST VENU LE TEMPS… DES COMÉDIES MUSICALES

Quand, en janvier 1978, dans le cadre d'une tournée mondiale, *Porgy and Bess* prend ses quartiers à Paris, au Palais des Congrès, le pari est risqué. Cette comédie musicale est certes un classique aux États-Unis : elle a été jouée pour la première fois à Broadway en 1935, et le public américain est friand de ce genre, introduit dans les années 1920. Néanmoins, l'accueil par le public français d'une production de cette envergure, avec des décors impressionnants, une mise en scène spectaculaire, une histoire, des solistes, des figurants, n'est pas gagné d'avance. Pourtant, la pièce remporte un succès phénoménal.

Jazz, blues et musique classique au Grand Amphithéâtre avec la troupe de l'Opéra de Houston qui y joue *Porgy and Bess*, en janvier 1978. Ici, le soir de la première.
↓

L'affiche de *Porgy and Bess* dont le succès, au Palais des Congrès en 1978, ouvre la voie à l'ère des comédies musicales françaises.
→

RTL présente en accord avec THEATRE NATIONAL DE L'OPERA

au Palais des Congrès porte Maillot

Porgy and Bess

opéra en 2 actes de

George Gershwin

livret	DuBose Heyward
paroles	DuBose Heyward et Ira Gershwin
mise en scène	Jack O'Brien
direction musicale	John DeMain

du 18 janvier au 26 février

L'année suivante, c'est forcément au Grand Amphithéâtre du Palais des Congrès qu'est créée la première vraie comédie musicale française, *Starmania*. Initialement programmée pour quinze jours, elle tient l'affiche avec 26 représentations – puis doit céder la place aux ballets du Bolchoï. Le public est ébloui, mais de telles productions nécessitent des moyens colossaux dans lesquels les producteurs hésitent encore à s'engager.

Il faut attendre la fin de la décennie pour que la comédie musicale française s'impose comme un genre à part entière et s'installe dans la culture populaire. En 1998, c'est le triomphe de *Notre-Dame de Paris* confirmé, en 2000, par celui de *Roméo & Juliette*, une autre méga-production qui marque les esprits jusqu'à aujourd'hui.

Trois facteurs expliquent la fulgurance du succès de ce genre. D'une part, des mélodies qui jouent sur la corde sensible musicale du plus grand nombre. Ensuite, une scénographie plus riche et plus diversifiée que celle du théâtre, apportant une part de rêve et de magie. Enfin, un vrai scénario élaboré autour de thématiques universelles, sociales et politiques qui en font presque un miroir de la société.

Née au Palais des Congrès, la comédie musicale française continue d'y trouver une terre d'accueil privilégiée et d'inspirer de nouvelles générations de créateurs.

←
Dans la version originelle de *Starmania*, en 1979, DIANE DUFRESNE incarne Cristal, l'animatrice télé, et Roddy Julienne le grand gourou marabout, personnage qui disparaîtra des suivantes et ne réapparaîtra qu'en 2022.

PREMIÈRE DE *STARMANIA*, QUAND LE SPECTACULAIRE DEVIENT SPECTACLE

Bien avant de devenir le spectacle que l'on connaît, *Starmania* est à l'origine, en 1978, une émission de télévision et un disque à succès qui a séduit toute une génération. Lorsque le cap des 100 000 albums vendus est atteint, Roland Hubert décide de produire le spectacle au Palais des Congrès, à partir d'avril 1979. Il y croit au point de louer la salle pendant un an. À l'image de ses créateurs, Luc Plamondon et Michel Berger, le casting est franco-québécois : France Gall, Daniel Balavoine, Diane Dufresne, Étienne Chicot, Fabienne Thibeault, Nanette Workman… Mais les relations dans la troupe sont tendues et la première est loin de faire l'unanimité dans la presse. Certes, le public adore les chansons et acclame ce premier opéra rock francophone, mais le punk Johnny Rockfort, la serveuse automate et le tyran Zéro Janvier ne restent à l'affiche que quatre semaines, au grand désarroi des créateurs. *Starmania* voyage alors à l'étranger, avec d'autres artistes, et revient dans la salle qui l'a vu naître en 1995 avec une mise en scène de Lewis Furey et un nouveau casting : Isabelle Boulay, Bruno Pelletier, Jasmine Roy… Et le succès est au rendez-vous ! Le 26 octobre 1995, ils fêtent ensemble la 500e représentation et leur millionième spectateur. L'année suivante, cette version reçoit la Victoire de la musique du plus grand nombre de spectateurs.

PALAIS DES CONGRÈS
DU 20 OCTOBRE AU 31 DÉCEMBRE
STARMANIA
L'OPÉRA ROCK DE MICHEL BERGER ET LUC PLAMONDON
MISE EN SCENE DE LEWIS FUREY
LOCATIONS :
PALAIS DES CONGRÈS, FNAC, VIRGIN MÉGASTORE

↑
Ni artiste ni décor… La première affiche de *Starmania*, en 1979, ne dévoile rien du show.

→
Starmania, 1979.

→→
Double page suivante : FRANCE GALL signe des autographes après son concert, avril 1978.

FRANCE GAL
MUSIQUE
SI MAMAN SI

Disco

LES COULISSES DE *STARMANIA* PAR LUC PLAMONDON

Pour Luc Plamondon, la création de *Starmania* sur scène n'a pas été un long fleuve tranquille. « Ce devait être une rencontre d'amitié entre deux cultures francophones, mais elle ne s'est jamais vraiment produite, regrette le parolier québécois. Il y a vraiment eu deux clans face à face pendant les répétitions, puis le spectacle. Nous avions fait appel au metteur en scène de *Hair*, l'Américain Tom O'Horgan. Il n'était pas très satisfait. Une traductrice anglaise assurait la traduction simultanée des engueulades qu'il dispensait à longueur de temps, en particulier aux Français. Nous n'étions pas prêts. La générale n'a pas marché, la première a été reportée. On a revu les détails, resserré les boulons. » Le 10 avril 1979, le Tout-Paris est porte Maillot pour la première. « Mais à part Françoise Hardy, Anouk Aimée et Élie Chouraqui, personne n'est venu nous voir après le show, se souvient Plamondon. Le métier nous a snobés dès le premier soir. La critique variait du meilleur au pire : on a été encensés par *Le Nouvel Observateur*, *Le Monde* a aimé, *Le Figaro* nous a assassinés, *France-Soir* a écrit : « Hélas, ce n'est pas le nouveau *West Side Story* que nous attendions ! » Mais la chroniqueuse disait beaucoup de bien des chanteurs et des chansons. Contre toute attente, *La Croix* a trouvé un sens à notre histoire. Les envoyés spéciaux des grands quotidiens québécois se sont montrés unanimes : ils ont trouvé le spectacle trop long et trop confus. Une journaliste politique avait été très virulente, parlant « d'apologie de la violence ». Moi, je m'étais inspiré des punks qui cassaient des vitrines, je ne faisais pas de prosélytisme. J'ai eu envie de lui répondre. Michel Berger, tout aussi outré que moi, m'en a dissuadé. Oui, à quoi bon ? C'est le public qui vous dit si votre show est bon ou pas. Et *Starmania* a fini par cartonner ! La carrière de notre opéra rock ne faisait que démarrer... »

↗ LUC PLAMONDON, photographié le 24 septembre 1998, ne garde pas que des bons souvenirs de la création de *Starmania* !

→ En 1995, la nouvelle adaptation de *Starmania* révèle au public parisien la chanteuse québécoise Isabelle Boulay.

“C'est le public qui vous dit si votre show est bon ou pas. Et Starmania a fini par cartonner ! ”

CHANTAL GOYA : « QUATRE GÉNÉRATIONS M'Y ONT DÉCOUVERTE »

« Le Palais des Congrès, c'est ma deuxième maison. J'y suis allée pour la première fois en 1980. À l'époque, je faisais trois séances par jour à l'Olympia avec *La Forêt magique*. Roland Hubert, mon producteur, a dit à Jean-Jacques Debout, mon mari et manager, que ce serait mieux d'aller dans une salle plus grande : "Ne vous occupez pas de l'argent, je veux le plus beau spectacle pour Chantal." On est arrivés avec *Le Soulier qui vole*, avec des décors peints à la main, des tenues réalisées par le costumier de l'Opéra de Paris, un génie de la lumière, Roger Ragois, et la maîtresse de ballet de Roland Petit. On créait un théâtre dans le théâtre. Au total, nous avons joué le spectacle à 80 reprises, même plus, à raison de deux fois par après-midi, avant l'humoriste Thierry Le Luron qui était sur scène le soir. L'intérêt du Palais, c'est qu'il dispose d'une scène en haut et d'un studio en bas. On enregistrait en même temps les voix du show et le disque avec les 80 musiciens de l'Orchestre de Paris. On avait 4 équipes de 14 enfants, qui se relayaient tous les jours. Tout le monde se demandait si on allait y arriver, car c'était la folie. Il y avait tellement de spectateurs que Roland les faisait asseoir sur les marches. Après ce premier succès, on a remis ça en 1982 avec *La Planète merveilleuse* et les plus grands artistes venaient me voir, Louis de Funès, Sammy Davis Jr... Barbara avait acheté dix rangs et avait emmené en bus des habitants de son village de Seine-et-Marne. Maurice Béjart, qui faisait tous ses grands ballets au Palais, et le Mime Marceau venaient me voir en répétition. Antoine Arnault, le fils de Bernard, courait dans ma loge. Ce qui est drôle, c'est qu'un jour, Marcel Dassault est venu trois heures avant tout le monde et a annoncé qu'il voulait racheter le Palais des Congrès. " Vous jouerez juste pour moi, ce sera génial ", me disait-il. Mais la salle n'était pas à vendre ! Jean-Jacques et l'équipe technique ont beaucoup fait évoluer son acoustique. Le parking a aussi participé à mon succès, c'était génial pour les parents, il y avait des galeries pour se restaurer et faire des courses. C'est devenu une coutume pour moi. J'ai joué trois ans de suite *Le Mystérieux Voyage de Marie-Rose*, notre plus beau spectacle, de 1984 à 1986 ! Quatre générations m'ont découverte au Palais. Ce lieu m'a porté chance, c'est pourquoi je lui suis restée fidèle. J'ai même été récompensée par le Ticket d'or, car j'y aurai donné en tout 300 représentations et 2 millions de billets ont été vendus pour mes spectacles. J'ai eu le plaisir d'y revenir en 2023 et 2024 pour y jouer *La Route enchantée* avec tous ses beaux décors réalisés spécialement pour le Palais. »

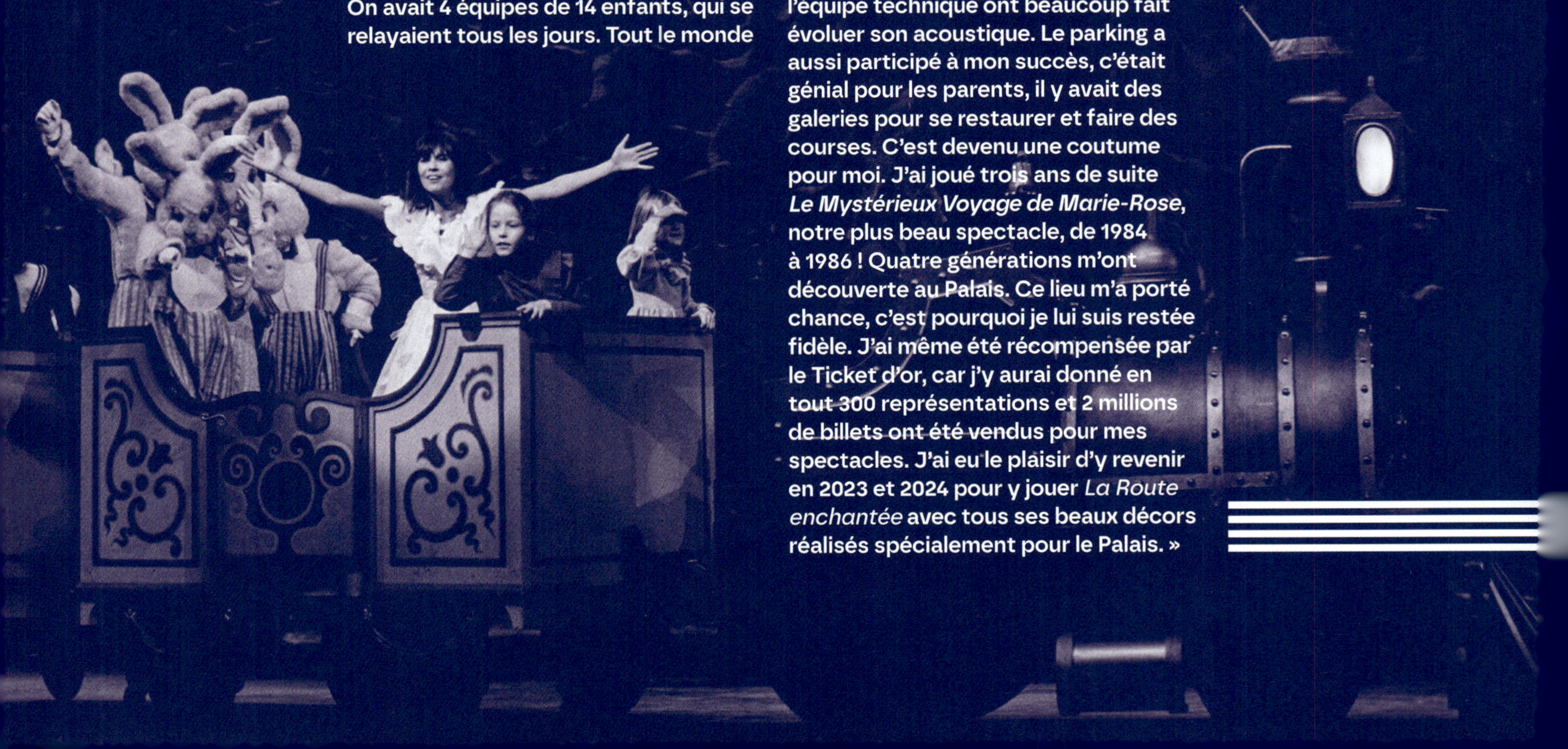

En 1980, CHANTAL GOYA a 38 ans lorsqu'elle se lance sur scène avec son premier spectacle, *Le Soulier qui vole*, créé par son mari Jean-Jacques Debout.

PALAIS DES CONGRÈS DE PARIS
A PARTIR DU 10 DÉCEMBRE
CHANTAL GOYA
F. GHOMICHI 94
"LE SOULIER QUI VOLE"
Spectacle Féerique
de J.J. DEBOUT

←
CHANTAL GOYA et les enfants du *Mystérieux voyage de Marie-Rose* en 2008. Depuis plus de 40 ans, le Palais est sa « deuxième maison ».

→
Double page suivante : de part et d'autre de la scène du Grand Amphithéâtre, 140 m² de coulisses, des monte-charges qui descendent jusqu'aux loges, aux ateliers, et même à la gare de marchandises accessible aux camions.

ROBERT HOSSEIN : UN PALAIS À SA DÉMESURE

À partir des années 1970, Robert Hossein décide de se consacrer au « théâtre comme on n'en verrait qu'au cinéma », travaillé par lui comme un film. Et il met en place son modèle, des spectacles légendaires destinés au plus grand nombre.

Le Palais des Congrès devient son terrain de jeu. Et quand il s'y installe, c'est pour y rester : 140 représentations de *Danton et Robespierre* entre septembre 1979 et mars 1980 ; 166 pour *La Liberté ou la Mort* entre novembre 1988 et avril 1989, 120 pour son somptueux *De Gaulle, celui qui a dit « non »* en 2000 et presque autant pour *On achève bien les chevaux* en 2005.

Des spectacles placés sous le signe du gigantisme – dans les décors, dans la complexité de la mise en scène, dans le nombre de comédiens, et même dans l'extension de la scène jusque dans la salle où il place des comédiens.

Dans le Grand Amphithéâtre du Palais des Congrès, Robert Hossein a trouvé un lieu à sa démesure…

↖ Une affiche sobre pour un spectacle qui battra des records en termes de nombre de représentations et de spectateurs.

→ Le *Danton* de Robert Hossein. Rares sont les metteurs en scène de théâtre à s'être aventurés sur l'immense scène du Grand Amphithéâtre.

LES HUMORISTES ENTRENT EN SCÈNE

Les *Thierry Féeries* de Thierry Le Luron remplissant le Grand Amphithéâtre pendant trois mois, de novembre 1980 à janvier 1981 ; Michel Boujenah faisant pleurer de rire le public de l'amphithéâtre Bordeaux pour le réveillon du millénaire ; les *Stand up TV* d'Arthur qui y révèlent les nouveaux talents de l'humour… De Raymond Devos à Didier Gustin, de Popeck à Laurent Gerra, les humoristes font, depuis des décennies, régner la bonne humeur au Palais des Congrès. Le public, lui, en redemande…

PHILIPPE BOUVARD fête la 2 500e émission des *Grosses Têtes*, le 7 novembre 1985, avec Jean-Pierre Rives, Charlotte de Turckheim, Jean Amadou, Jacques Chazot, Gloria Lasso, Macha Méril, Darie Boutboul, Patrick Baudry, Sophie Desmarets, Léon Zitrone, Gérard Jugnot, Jean Dutourd et Jane Birkin.
↓

↑
MICHEL BOUJENAH (ici au Zénith), 2004.

→
DALIDA et THIERRY LE LURON, complices d'un soir, assistent au concert de Serge Lama, le 16 janvier 1975.

↑
LAURENT GERRA au Palais des Congrès en 2012 : un grand show avec orchestre que *Le Parisien* qualifiera « d'apothéose ».

→
En 2007, après six années consacrées à la télévision et au théâtre, MICHEL LEEB revient au *one man show* en s'offrant la plus spectaculaire des scènes parisiennes.

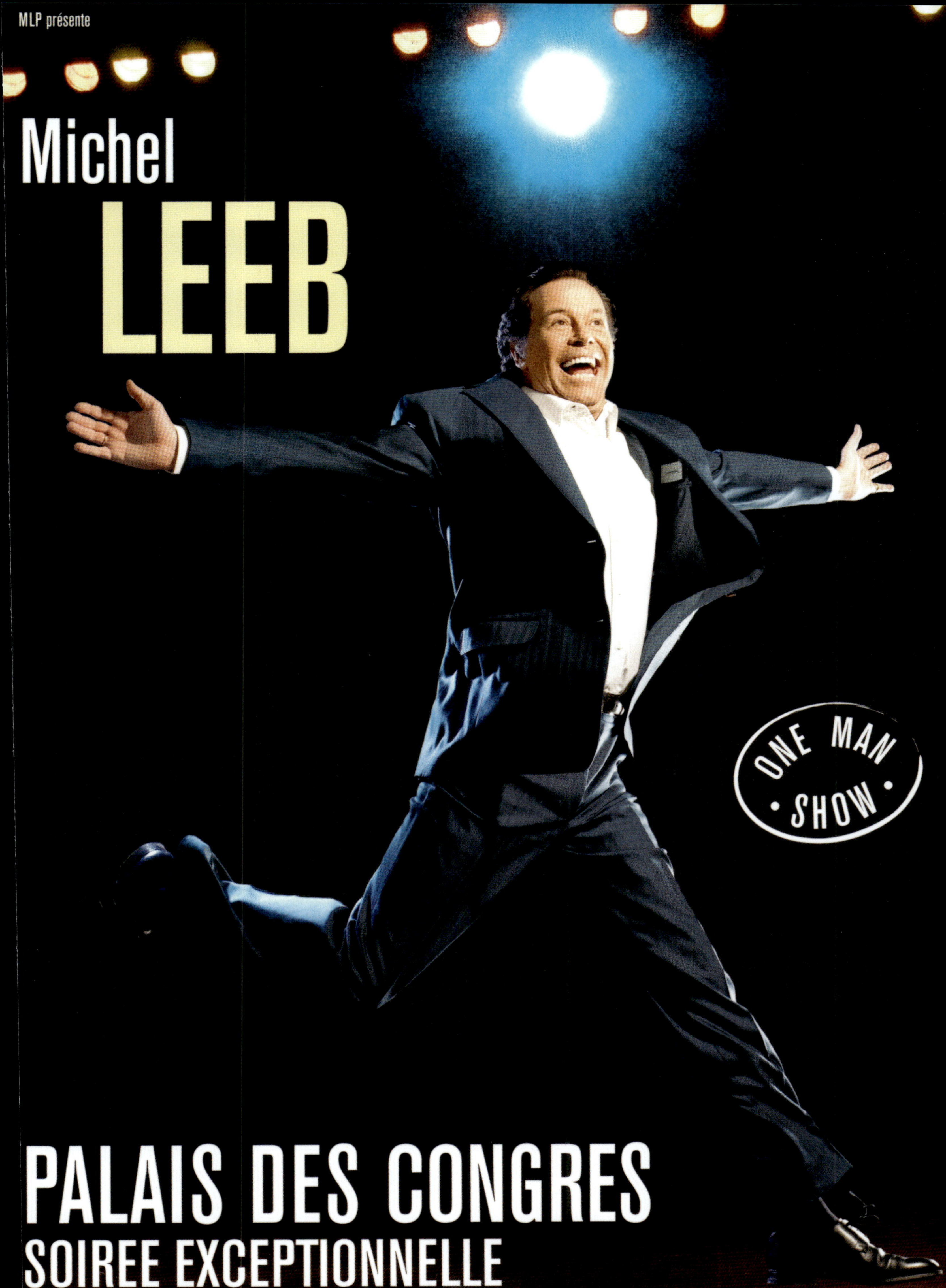
MLP présente
Michel
LEEB
ONE MAN
SHOW
PALAIS DES CONGRES
SOIREE EXCEPTIONNELLE

↑→
Entre 1978 et 2010, moult stars ont enregistré au studio de la Grande Armée, sous le Palais des Congrès. Ci-dessus, DEMIS ROUSSOS assis devant la table de mixage le 14 mars 1979. À droite, ISABELLE BOULAY au micro le 4 mars 2008.

STUDIO DE LA GRANDE ARMÉE : LES STONES, TINA TURNER, RENAUD ET BOOBA AU MICRO

Les Rolling Stones, Tina Turner, Kanye West, Rihanna, Nana Mouskouri, Nicki Minaj, mais aussi Johnny Hallyday, Dalida, Indochine, Henri Salvador, Étienne Daho, Renaud, Booba, Michel Polnareff, Isabelle Boulay… Le tableau de chasse des studios du Palais rivaliserait presque avec celui du Palais lui-même. De 1978 à 2010, le Studio d'enregistrement de la Grande Armée situé au sous-sol du Palais a attiré des artistes du monde entier. De passage à Paris ou se produisant des mois durant porte Maillot, comme Charles Aznavour, Serge Lama et Chantal Goya, ils profitaient de ce lieu haut de gamme et discret pour enregistrer leurs singles, duos, albums ou simplement répéter avant leurs concerts dans la capitale… Fondé en 1972 sur l'avenue de la Grande-Armée par un musicien classique, Jean-Claude Dubois, harpiste et chef d'orchestre, le studio a été déménagé et agrandi en 1978 au sous-sol du Palais des Congrès, tout proche. Ce lieu était aussi couru des formations symphoniques et des compositeurs de films, comme l'Égyptien Youssef Chahine, Alexandre Desplat, Ludovic Bource et Bruno Coulais, qui louaient ses grands espaces autant que sa modernité.

LA PISTE DES ÉTOILES

Le premier spectacle programmé au Palais des Congrès après son inauguration en 1974 avait été le légendaire ballet russe Beriozka, réputé pour la précision de ses chorégraphies et pour un pas de danse à la technique unique, sa marque de fabrique, qui donne une impression de lévitation. Ses 32 représentations, en mars et avril de cette année-là, suivies en été des 25 représentations des danseurs de l'Opéra de Paris et, à l'automne, de 20 représentations du Ballet du XXe siècle de Maurice Béjart, firent d'emblée du Grand Amphithéâtre une piste aux étoiles.
Les plus grands ont déployé leurs entrechats sur sa scène qui semble conçue pour les accueillir : Rudolf Noureev, Sylvie Guillem, Roland Petit, Antonio Gades, Vladimir Vassiliev, Mikhaïl Baryshnikov, Patrick Dupond, Jorge Donn... Et, dans ce lieu magique aux décors somptueux, les plus belles troupes ont enchanté des centaines de milliers de spectateurs : le ballet du Bolchoï, des habitués, et celui du Kirov qui, en 1987, battaient un record de 240 danseurs sur scène, le Tokyo Ballet qui y présenta notamment *Kabuki*, l'une des œuvres les plus marquantes de son répertoire, le ballet du XXe siècle et le Béjart Ballet Lausanne, les ballets Eifman et Moïsseïev, jusqu'au Ballet folklorique de Mexico avec des danses endiablées dans des costumes traditionnels.
Les plus grands chefs-d'œuvre se sont déployés dans ce Palais, certainement taillé à leur mesure...

→ Derniers préparatifs pour **RUDOLF NOUREEV** à la veille de la première de *Roméo et Juliette*, le 2 avril 1985.

↙ **ZIZI JEANMAIRE**, **YVES SAINT LAURENT** et **JEAN POIRET** avec **ROLAND PETIT**, en décembre 1985, à la première du *Chat Botté*, le ballet-féérie joué par Petit et l'Opéra de Marseille sur l'immense scène du Grand Amphithéâtre.

BÉJART
BALLET LAUSANNE
avec RTL
LES SPECTACLES ALAP ET LES SPECTACLES LUMBROSO PRÉSENTENT
MAURICE BÉJART
AU PALAIS DES CONGRÈS
BÉJART BALLET LAUSANNE
DU 20 JANVIER AU 21 FÉVRIER 1988
TOKYO BALLET DU 23 FÉVRIER AU 6 MARS 1988
ILLUSTRATION DE HENRI GALERON, CRAPULE PRODUCTIONS
LOCATION : 47581251

↑
MAURICE BÉJART
en répétition avec ses danseurs, le 15 avril 1976, sur la scène du Grand Amphithéâtre. Cet habitué du Palais y a créé plusieurs ballets.
←
Le *Piaf* de Maurice Béjart au Palais des Congrès, en 1988 : un mois sur scène !

↑
Le danseur américain DESMOND RICHARDSON marie danse classique, danse moderne et hip-hop à l'occasion de la remise des trophées de l'APAJH (l'Association pour adultes et jeunes handicapés), le 16 mars 2007.

→
Conjuguant les musiques de Queen et de Mozart, avec des costumes de Gianni Versace, *Le Presbytère* du Béjart Ballet Lausanne enchante le Palais en six représentations, en avril 2015.

LE GRAND CHARLES

Mais le recordman incontesté du Palais des Congrès est Charles Aznavour avec 212 galas de 1987 à 2007 : 34 en 1987, 3 shows mythiques avec Liza Minnelli en 1991, 33 en 1994, 48 en 1997, 3 en 1998 pour l'Arménie, 41 en 2000. Il y a fêté ses 80 ans avec 30 galas en 2004, chanté 20 fois en 2007… Pourtant, il n'y a posé ses valises qu'à 63 ans ! « À l'époque, c'était osé d'y jouer, on avait peur de la démesure… Alors que ce n'était pas si démesuré que cela, se souvient Gérard Davoust, qui fut l'éditeur d'Aznavour pendant quarante-deux ans. Le Palais a accéléré le mouvement des salles de grandes capacités, car la population de la capitale croissait. » « Elle est même devenue la salle de prédilection de Charles, affirme Erik Berchot, qui l'a accompagné au piano en tournée de 2007 à 2018. Il lui a donné une identité, en y installant une intimité incroyable. À Noël, il avait attrapé une bronchite mais il avait refusé d'annuler. Il avait annoncé au public qu'il allait tousser. À sa sortie, il avait l'œil brillant : " Vous avez vu, j'ai toussé… mais seulement entre les chansons. " Le chanteur a transmis sa passion à son directeur musical. « Comme lui, je suis tombé amoureux du Palais. Le public est assis en face, on le sent mieux. Et elle sonne super bien. »

↓→
CHARLES AZNAVOUR est tombé amoureux sur le tard du Palais des Congrès. Il n'y a fait ses premiers pas qu'en 1987. En 2003 (ci-dessous), et en 1987 (à droite).

« Le Palais des Congrès est devenu la salle de prédilection de Charles. »

Erik Berchot

LE TRIOMPHE DE *NOTRE-DAME DE PARIS*

« Bonsoir ! Je suis Luc Plamondon, l'auteur de ce spectacle. Avec Richard Cocciante, depuis cinq ans, on travaille sur cette œuvre. Derrière, il y a des gens qui ont envie de bondir sur scène et de vous livrer ce spectacle. C'est un moment très émouvant. Je vais retourner m'asseoir dans la salle et redevenir spectateur. Bonne soirée ! » Le 16 septembre 1998, le producteur et parolier québécois fait son grand retour sur la scène du Palais des Congrès. Près de vingt ans après y avoir créé *Starmania*, il mise à nouveau sur la salle parisienne pour sa nouvelle comédie musicale franco-québécoise, inspirée de l'œuvre de Victor Hugo. Bonne pioche ! Les critiques sont dithyrambiques, le public afflue. C'est un triomphe à Paris, puis en tournée : France, Belgique, Suisse et même Québec, la comédie séduit tous les publics. Elle révèle Garou, Patrick Fiori, Hélène Ségara et Julie Zenatti. « À chaque anniversaire, nous sommes revenus au Palais des Congrès, rappelle-t-il. Son grand amphithéâtre est taillé pour le grand spectacle et je pense que c'est pour cela que de nombreuses comédies musicales s'y produisent. »

← →
En 1998, c'est la comédie musicale *Notre-Dame de Paris* qui triomphe porte Maillot.
À gauche, HÉLÈNE SÉGARA lors de la générale, le 24 septembre.

Charles Talar & Loulling Systeme
présentent
L'événement musical de la rentrée 98
Notre-Dame de Paris
Luc
PLAMONDON
Richard
COCCIANTE
Palais des Congrès
Septembre 1998

↑→
Les deux créateurs, RICHARD COCCIANTE et LUC PLAMONDON, posent avec la troupe de *Notre-Dame de Paris*. À droite, GAROU explose dans le rôle de Quasimodo.

ALL THAT JAZZ !

Quelle légende du jazz et du blues ne s'est pas produite porte Maillot ? Ella Fitzgerald a été la première à s'y arrêter en mai 1976, Keith Jarrett le premier en juin 1979. Le pianiste américain réputé autant que redouté pour son intransigeance y est retourné en 1983, en 1999, en 2001… C'est dire s'il l'a apprécié ! « À l'époque, il était rare que ces stars chantent ailleurs que dans des festivals, décrypte Jean-Michel Proust, journaliste cofondateur de la radio TSF Jazz et président de l'Académie du jazz. Norman Gantz, qui faisait tourner Oscar Peterson, Nina Simone, Ray Charles, choisissait les plus belles salles en Europe. Et le Palais des Congrès était idéal par sa taille et son excellente acoustique… »

← RAY CHARLES est venu pas moins de 12 fois au Palais des Congrès, de 1983 (photo) à 2001.

↑ FATS DOMINO (ici en Allemagne le 23 juillet 1980) s'y est produit en 1982 et 1985.

DEE DEE BRIDGEWATER le 18 avril 1991 lors de son unique gala porte Maillot.
↓

Le très exigeant MILES DAVIS (ici le 31 octobre 1983) y a triomphé trois fois.
→

←↑
Le 29 mai 2002, le vétéran JAMES BROWN a fait attendre ses fans mais leur a offert un show funk endiablé.

Ray Charles s'y est produit 12 fois en 1983, 1984, 1985, 1990, 1991, 1995, 1996, 1997 et 2001, à 71 ans. Il a chanté moins d'une heure. « Mais même diminué, son entrée en scène jusqu'au piano était phénoménale, se souvient Jean-Michel Proust. Il ne nous voyait pas mais il avait quelque chose de félin. » Le génie de la trompette Miles Davis y a fait un triomphe en 1983, 1984 et 1988, Dee Dee Bridgewater en 1991, Nina Simone en 2001, B.B. King en 2009. Outre Ray Charles, Joëlle Maire Kilhofer y a produit le Glenn Miller Orchestra en 2001, 2003 et 2004, Chuck Berry en 2003...

↑
Dans les années 2000, Gérard Drouot lance une nouvelle vague jazz porte Maillot, dont la toute jeune NORAH JONES, qui y débute le 29 mai 2004.

↑
KEITH JARRETT est le premier jazzman à succomber aux charmes du Palais, dès 1979. Il y retourne en 1983 (photo), en 1999 et 2001.

Dans les années 2000, Gérard Drouot y a aussi lancé la nouvelle vague, avec Diana Krall en 2002 et Norah Jones en 2004, puis programmé Pat Metheny en 2004, Oscar Peterson en 2005 et 2006, Paul Anka en 2008, George Benson en 2009... « Depuis cinquante ans, j'ai passé une grande partie de mes soirées dans cette salle, se réjouit Jean-Michel Proust, qui fut également animateur sur France Inter et Europe 1. Elle est totalement magique, habitée ! Quand on y entre, on sait qu'il va se passer quelque chose d'exceptionnel. »

QUAND LES NATIONS S'UNISSENT AU PALAIS

C'est l'un des ressorts secrets du Palais des Congrès. Entre les concerts, les spectacles, les congrès, il est également un centre névralgique de diplomatie internationale dont la devise pourrait être la phrase prononcée en ce lieu par Nelson Mandela, le 15 juillet 2003, lors de la Conférence internationale sur le sida qui s'y était tenue : « Nous devons agir maintenant pour sauver le monde. »
Les 5 000 congressistes, parmi lesquels des chefs d'État, des experts, des médecins, des ministres s'étaient levés pour applaudir longuement ce « symbole de la lutte des pays du Sud pour l'accès aux traitements ». Mandela avait souri et lancé ses deux bras en l'air avant de poursuivre son discours qui marquera pour longtemps les esprits.
Dix ans plus tard, le 6 décembre 2013, le Sommet de Paris pour la paix et la sécurité en Afrique réunissait ici même de nombreux chefs d'État africains et du monde entier pour discuter de l'avenir du continent et de son développement. Mandela n'était pas présent : il s'était éteint la veille à Johannesburg. Pourtant, son courage et sa détermination avaient, ce jour-là, habité tout le Palais...

NELSON MANDELA ouvre la Conférence internationale sur le sida, le 15 juillet 2003, sur la scène du Grand Amphithéâtre. Les chiffres de l'épidémie sont accablants, son discours est bouleversant.
↓

Le 16 septembre 2003, au Palais des Congrès, **STEVE JOBS** donne le coup d'envoi de l'Apple Expo 2003 avec la révélation des souris et claviers sans fil, une révolution dans l'univers de l'informatique.
→

LOU REED s'arrête le 23 juin 2007 à Paris pour le 30e anniversaire de son album culte *Berlin*.
→

BRUCE, LOU, JOAN, BRYAN, ELTON... LE PALAIS DU ROCK !

→
En 1997, BRUCE SPRINGSTEEN offre à son public français deux magnifiques shows solos acoustiques lors de sa tournée *The Ghost Of Tom Joad.*

Depuis les années 1990, le Palais des Congrès est *« The place to be »* pour les rock stars anglo-saxonnes. Cela grâce à Gérard Drouot, leur producteur préféré. L'histoire d'amour débute en mai 1997 avec Bruce Springsteen, pour les deux dernières dates de la tournée mondiale de *The Ghost of Tom Joad*. Il chante et joue seul son album le plus intime. Le fils de Gérard, Matthieu, rapporte que « c'était sa salle préférée ». « Ça l'amusait d'y mettre du rock'n'roll. Il avait une super-relation avec Hubert Lemoine. Et mon père n'a jamais eu de mauvaise expérience. » Grâce à lui, les rock stars sont toutes passées sur la scène du Palais : les Beach Boys en 1999, Deep Purple avec un orchestre symphonique en 2000, David Gilmour deux soirs en 2002, Neil Young en solo en 2003, les Doors reformés en 2004, Crosby, Stills, Nash & Young en 2005, Lou Reed en 2007, Joan Baez en 2008, Elton John en 2009, Paul Simon et Steven Wilson en 2016, Bryan Ferry et Earth, Wind & Fire en 2018... Il y a aussi programmé beaucoup de blues et de jazz. « Pour un jeune artiste ou un habitué de l'Olympia, c'est une étape de passer porte Maillot, explique Matthieu Drouot. Et pour le spectateur, c'est la salle idéale. Il n'y a pas une mauvaise place, il y a un parking. Le Palais des Congrès a inventé l'expérience concert d'aujourd'hui, avec le shopping avant et les beaux restaurants après. »

gérard drouot
productions s.a.
BRUCE
SPRINGSTEEN
concert acoustique solo
SEUL AVEC SA GUITARE ET SON HARMONICA
APRÈS 6 CONCERTS EN 10 ANS
IL REVIENT EN FRANCE
POUR 6 CONCERTS EN 10 JOURS
EUROPE 1
25 & 26 mai 97
PARIS
PALAIS DES CONGRÈS
20h30
en vente exceptionnelle le mercredi 9 avril
POINT DE VENTE UNIQUE : PALAIS DES CONGRÈS 01 40 68 00 05
* places assises et numérotées *

↑
ELTON JOHN et son inséparable percussionniste Ray Cooper réunis le 2 octobre 2009 pour un concert d'exception.

→
CLIFF RICHARD, l'ancien chanteur-guitariste des Shadows, fait un tabac le 20 mai 2007 devant un public très anglo-saxon.

→→
Double page suivante : l'unique concert d'ELTON JOHN au Palais des Congrès, le 2 octobre 2009.

LE PALAIS DU

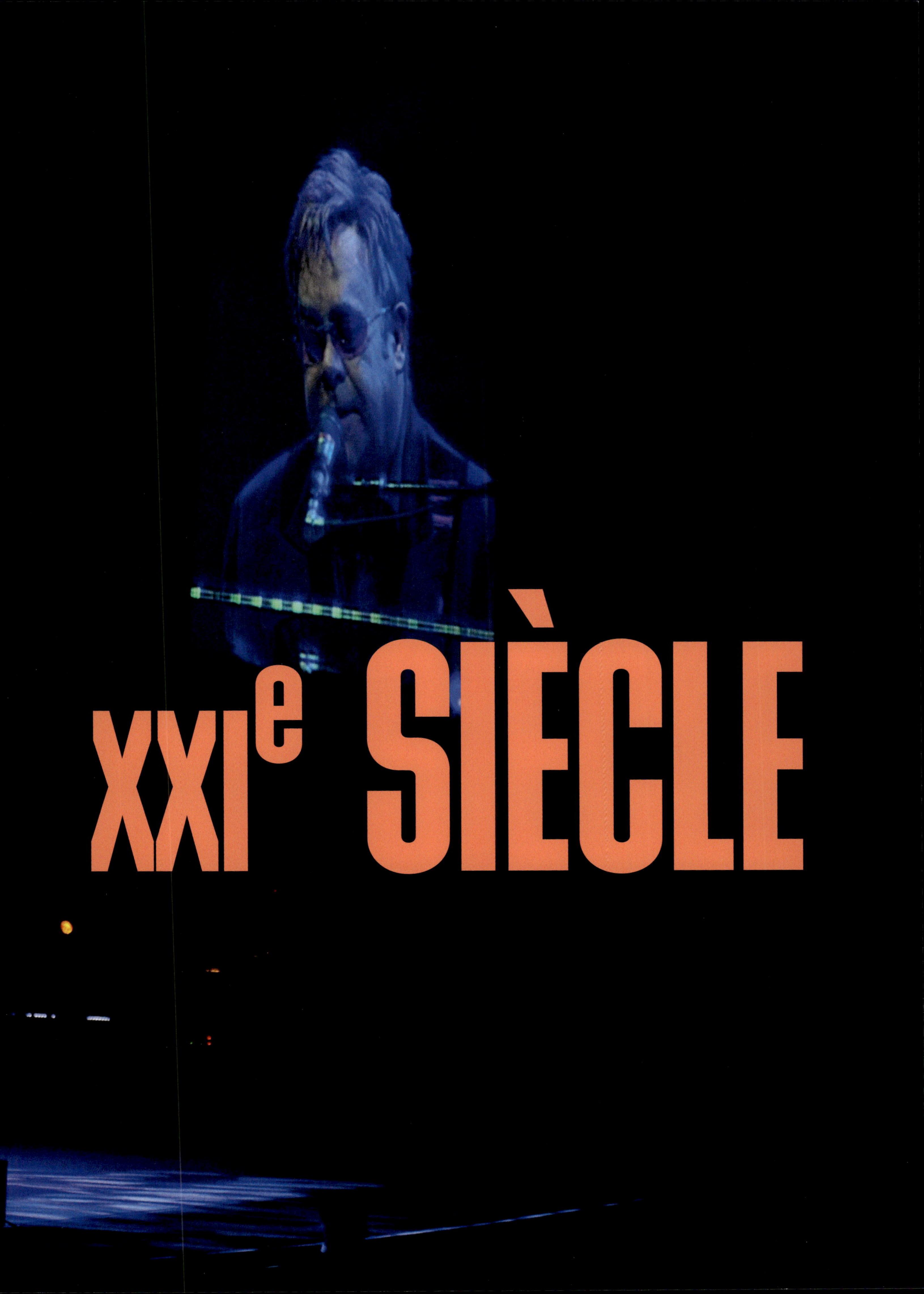

XXIe SIÈCLE

LIZA, ALICIA, DIANA… ET LES AUTRES

↑
LINE RENAUD fête la première série de concerts de CHARLES AZNAVOUR et LIZA MINNELLI, le 20 novembre 1991.

→
LIZA MINNELLI revient en solo porte Maillot lors de sa tournée européenne 2002.

→→
Double page suivante : ALICIA KEYS choisit le Palais des Congrès pour fêter le 11 juin 2011 le 10e anniversaire de son premier album, *Songs in A Minor.*

THE

LIZA MINNELLI

EUROPEAN TOUR 2002

MARDI 16 AVRIL
PALAIS DES CONGRÈS

Ça peut
Chémar

←
GRAND CORPS MALADE finit sa première tournée en apothéose le 10 octobre 2007 avec, comme invités, Diam's et Kery James.

↑
La chanteuse canadienne DIANA KRALL fait swinguer le Palais des Congrès le 21 novembre 2012.

LE RETOUR DE LA COMÉDIE MUSICALE

Les comédies musicales reviennent en force avec le nouveau millénaire. Et elles se produisent bien entendu dans leur salle fétiche. Le XXIe siècle commence en fanfare avec *Roméo et Juliette*, spectacle musical évidemment inspiré de l'œuvre de Shakespeare, écrit et composé par Gérard Presgurvic. Le showcase de présentation a lieu le 14 février et la première un an plus tard. C'est un triomphe. Et c'est l'année de Damien Sargue et Cécilia Cara, les amants maudits qui se lancent dans pas moins de 107 représentations de février à mai 2001, puis 17 en juillet et encore 60 en octobre et novembre ! L'année suivante, c'est la comédie musicale *Cindy*, une libre adaptation de *Cendrillon* par Luc Plamondon et Romano Musumarra, avec Lââm dans le rôle-titre, qui est à l'affiche. C'est l'un des rares échecs commerciaux

LORD OF THE DANCE
de Michael Flatley.
↓

↑
DAMIEN SARGUE est la révélation de *Roméo et Juliette*, la comédie musicale à succès de Gérard Presgurvic en 2010.

de Plamondon. La première a beau attirer Céline Dion, le spectacle s'arrête au bout de deux mois et la tournée est annulée. *Le Soldat rose* revu et corrigé par Shirley et Dino se joue une vingtaine de fois en 2008. Mais c'est *Robin des Bois* qui relance définitivement la mode des comédies musicales en 2013. « On a fait le double pari de revenir porte Maillot avec un spectacle musical familial, se souvient Roberto Ciurleo, qui l'a coproduit. On y a d'abord enregistré l'album puis répété pendant six mois, mais jusqu'au jour J, nous n'étions pas prêts. Le chef de la sécurité m'a dit : " Ne vous inquiétez pas. Ça va aller. Vous n'êtes pas les premiers. " Et le soir, comme par magie, ça a marché. La salle nous a porté chance ! » Matt Pokora et la troupe y donnent 105 représentations en 2013 et début 2014. *La Légende du roi Arthur* espère surfer sur la vague en 2015. Casser les codes du genre, le moderniser avec des acrobaties, des effets visuels, c'est aussi l'ambition de cette fresque médiévale produite par Dove Attia. Elle révèle au public deux nouveaux talents, Camille Lou et Florent Mothe, mais connaît un succès plus mesuré. La dernière comédie historique au Palais des Congrès, *La Dame de pierre*, est un hommage en costumes et musiques à la cathédrale Notre-Dame de Paris, son histoire et son sauvetage, avec une centaine d'acteurs. Lancée en juin 2023, elle revient en décembre 2024 au moment de la réouverture de la cathédrale.

←↑
En septembre 2015, *La Légende du roi Arthur*, la nouvelle comédie musicale de Giuliano Peparini, en met plein les yeux avec CAMILLE LOU dans le rôle de Guenièvre.

MATT POKORA :
« ROBIN DES BOIS, C'ÉTAIT FOU ! »

« J'ai passé sept mois complets au Palais des Congrès pour le spectacle *Robin des Bois* et je n'en garde que des souvenirs magnifiques. Cette salle a une aura particulière, une tradition avec les grandes comédies musicales, *Starmania*, *Notre-Dame de Paris*, on l'a senti en arrivant pour les répétitions. On a fait près de deux mois de préparation sur place. Le lieu est hyper-pratique. On était installés sur deux étages, avec les loges, les salles pour les chorégraphies, les échauffements des danseurs et des chanteurs. Ce qui est top, c'est qu'il y a beaucoup de place. Même à 42 artistes et autant de techniciens, on ne se marchait pas sur les pieds, il y avait beaucoup de calme. Madonna, qui était à l'époque la compagne de notre metteur en scène Brahim Zaibat, est passée pendant les répétitions nous donner quelques conseils. La première a eu lieu le 26 septembre 2013, le jour de mes 28 ans. C'est inoubliable ! On a pris nos quartiers porte Maillot ! J'avais mon nom écrit sur l'immense affiche sur le fronton du Palais, ça m'a fait quelque chose quand je l'ai découverte, et des dizaines de milliers de Parisiens la voyaient chaque jour. Le show était sacrément physique ! On jouait six jours sur sept, deux fois par jour le week-end et pendant les vacances scolaires, j'ai fini par me blesser pas mal, entorse à l'épaule, pouce fissuré… Le Tout-Paris est venu nous applaudir, Line Renaud, Omar Sy, Teddy Riner, les joueurs du PSG. La salle est super-confort, très classe et frontale, l'acoustique est top, tu vois bien de partout, comme dans un immense cinéma. C'était un spectacle total !

“ *C'est inoubliable ! On a pris nos quartiers porte Maillot ! J'avais mon nom écrit sur l'immense affiche sur le fronton du Palais.* ”

→
La grande aventure de MATT POKORA et de *Robin des Bois*. À droite, le jeune chanteur est porté en triomphe par ses camarades à la fin de la première, qui coïncide avec son 28e anniversaire, le 26 septembre 2013.

LA DER DES DERS D'HENRI SALVADOR

« C'est une déchirure de vous quitter. » Le 21 décembre 2007, Henri Salvador, 90 ans, finit son tout dernier concert au Palais des Congrès entre rires et larmes. Tous ses amis sont là, Belmondo, Marielle, Françoise Hardy... Il a fait une belote avant, bu du pomerol pendant, ri dans sa loge bondée après. Il ne remontera jamais sur scène. Il décédera deux mois plus tard... « Il tenait à faire ses adieux dans sa salle préférée, se souvient Catherine Salvador, son épouse. Il était très heureux d'y retourner. Il tenait à le jouer avec un orchestre symphonique et à le filmer. Ce fut joyeux et émouvant. » Il ne s'y est finalement que peu produit, du 11 octobre au 17 novembre 1985 puis quatre soirs début 2004, mais il y était très attaché. « Henri aimait venir y voir ses copains, mais ses producteurs préféraient lui faire faire des petites salles. Il adorait aussi le studio du Palais, qui était sous l'amphithéâtre. Il y avait invité son copain Quincy Jones, qui avait retrouvé son pupitre de chef d'orchestre chez Barclay dans les années 1960. » Henri Salvador y a enregistré *Chambre avec vue*, l'album qui a signé son retour en grâce en 2000 et s'est vendu à près de 2 millions d'exemplaires dans le monde.

← Le Palais des Congrès était la salle préférée d'**HENRI SALVADOR**. En juin 2004, il y fait son deuxième passage, trois ans avant d'y faire ses adieux. ↓

LE GRAND HUIT DES VICTOIRES DE LA MUSIQUE

Le 3 mars 2012, les Victoires de la musique sont célébrées pour la huitième et dernière fois au Palais des Congrès. Alessandra Sublet anime cette 27e cérémonie, qui voit triompher Catherine Ringer et Hubert-Félix Thiéfaine, Matthieu Chedid et Orelsan. Deux hommages sont rendus, à Michel Berger et Barbara.

Entre les Victoires et le Palais, c'est une longue histoire qui débute vingt ans plus tôt, le 1er février 1992. Le comité des Victoires cherche alors un lieu pour organiser sa nouvelle cérémonie, dédiée au jazz et au classique. « Et seul le Palais des Congrès se prêtait à l'organisation des deux, se remémore Virginie Petit, directrice artistique des Victoires.

↑
JEAN-LUC DELARUE remet à JIL CAPLAN, bouleversée, le trophée de « révélation variété féminine de l'année » lors de la 7e cérémonie des Victoires de la musique, le 1er février 1992.

→
Lors des 8e Victoires de la musique, le 8 février 1993, JACQUES DUTRONC remporte le prix de la « performance musicale » de l'année.

←↑
Le compositeur ÉRIC SERRA et l'acteur JEAN RENO partagent la Victoire 1995 de la musique de film de l'année pour leur film *Léon*, le 13 février (en haut). Cas unique dans l'histoire de la cérémonie, deux artistes, EDDY MITCHELL et MICHEL SARDOU co-animent les 7e Victoires de la musique le 1er février 1992 (à gauche).

La salle était plus confortable et plus "cérémoniale" que le Zénith de Paris. C'était aussi plus économique car les deux émissions étaient organisées et filmées dans la foulée. » La remise des prix de 1992 est restée dans les mémoires avec un trio d'animateurs inédit et facétieux, Jean-Luc Delarue accompagné d'Eddy Mitchell et de Michel Sardou, et une Victoire d'honneur à Serge Gainsbourg… À l'époque, on remet 19 trophées, dont celui de l'humoriste, de l'album pour enfants et de l'ingénieur du son de l'année. Les Victoires s'y sont installées à sept reprises, de 1992 à 1997 puis en 2011 et 2012.

↑
MATTHIEU CHEDID, alias M, et sa sœur ANNA partagent la scène des Victoires, 2011.

→
Double page suivante : en 2011, la première apparition de STROMAE a marqué la cérémonie musicale. LAURENT VOULZY, tout sourire lui aussi, lors des Victoires 1993, où son album *Caché derrière* a été sacré disque de l'année.

MICHEL LEGRAND,
80 ANS ET 40° DE FIÈVRE

Michel Legrand passe le cap des 80 ans le 24 février 2012, mais le globe-trotter attend neuf mois pour souffler ses bougies. Le 4 décembre, un énorme gâteau d'anniversaire l'attend sur la scène du Palais des Congrès. Lors de cette soirée dédiée au cinéma, le compositeur aux trois Oscars est au pupitre devant 80 musiciens et choristes, dont son épouse d'alors, la harpiste Catherine Michel, et son amie chanteuse soprano Natalie Dessay, qui interprète deux chansons de Claude Nougaro. Malgré 40 degrés de fièvre, il donne plus de deux heures de concert. Il rend un poignant hommage en images à sa sœur Catherine qui vient de disparaître et crée une suite symphonique, *Steve McQueen,* qui provoque une longue standing ovation. Il offre

Le 4 décembre 2012, MICHEL LEGRAND fête ses 80 ans lors d'une soirée spéciale où il présente quelques-uns de ses chefs-d'œuvre, dont *Les Demoiselles de Rochefort.*

au public ses plus belles compositions, comme *Vivre quand on aime*, créée avec Nana Mouskouri, et ses plus célèbres musiques de films, pour Jacques Demy, *Les Demoiselles de Rochefort* et *Les Parapluies de Cherbourg*, pour Claude Lelouch avec *Partir Revenir*. Dans la salle, le réalisateur salue « le musicien de l'après-guerre qui a le mieux compris la force de la musique au cinéma ». Jean-Paul Rappeneau et Agnès Varda sont aussi au rendez-vous. « Il en a gardé un très bon souvenir », avoue Stéphane Lerouge, son biographe. C'était un retour gagnant après la contre-performance de la comédie musicale des *Demoiselles de Rochefort* qui lui avait été un peu douloureuse. »

↑
Le compositeur et chef d'orchestre salue le public avec son épouse d'alors, la harpiste Catherine Michel (à sa gauche), et son amie la chanteuse soprano Natalie Dessay.

2016, L'ANNÉE DES COMPOSITEURS

Cette année-là, c'est Hans Zimmer qui donne le *la*. Les 23 et 24 avril 2016, le compositeur américain dirige non pas un, ni deux, mais trois concerts en deux jours. La demande est telle que Gérard Drouot, son producteur, lui demande de faire deux représentations le dimanche. Le créateur des musiques de *Rain Man*, du *Roi Lion*, de *Pirates des Caraïbes* ou encore de *Gladiator* s'ouvre les portes de Bercy. Le regretté « maestro » Ennio Morricone ne faisait pas de tournée mondiale sans une escale porte Maillot. Il s'y est produit pour la dernière fois, à 87 ans, les 24 et 25 septembre 2016 pour célébrer ses soixante ans de carrière. Il y avait fait son premier

←
L'affiche d'une grande première : en avril 2016, Hans Zimmer, deux fois oscarisé, accompagne, à la tête d'un orchestre symphonique, la projection d'extraits de blockbusters dont il a signé la musique. Le succès est phénoménal.

show en 2002, avec les 120 musiciens de l'Orchestre symphonique de Rome et les 80 chanteurs du chœur polyphonique. C'est un tel triomphe qu'il revient en février et mars suivants. Le 9 octobre, c'est au tour de Vladimir Cosma de fêter ses 50 ans de carrière au Palais des Congrès. L'auteur de plus de 400 partitions réorchestre ses plus grands succès, *La Boum*, *Les Aventures de Rabbi Jacob* et *Le Père Noël est une ordure* avec l'Orchestre symphonique national de Roumanie. Il ne dirige pas son *Seigneur des Anneaux*, mais Howard Shore est présent le 16 octobre pour la première de ce ciné-concert avec 85 musiciens et 150 choristes. Et il les rejoint sur scène pour saluer le public debout. Dans ce festival de compositeurs de films légendaires, il ne manque que le Japonais Joe Hisaishi... Le créateur des musiques des films du studio d'animation Gibli, du *Château dans le ciel* au *Voyage de Chihiro*, se produira deux soirs en juin 2017.

↑
ENNIO MORRICONE en ciné-concert au Palais, le 25 septembre 2016 : pour être en même temps au cinéma et au concert.

2019, MARIAH CAREY, UNE REINE EN SON PALAIS

En février 2019, Mariah Carey dévoile la tournée européenne de son *Caution World Tour* et à la surprise générale, celle qui remplit des stades réserve sa date parisienne au Palais des Congrès. C'est Angelo Gopée, le patron français du leader des tournées mondiales Live Nation, qui a eu cette idée brillante. « Mariah, c'est classe, il lui fallait un lieu classe, résume-t-il. J'ai raconté l'histoire de cette salle à son équipe, avec toutes les stars internationales qui y sont passées, et ils ont été séduits. » Les 3 800 billets, même à prix fort, s'arrachent en quelques heures. Le 1er juin 2019, la diva américaine arrive à l'heure, ne fait aucun caprice en coulisses et donne un show impeccable de près de deux heures. Ses fans en délire la voient et l'entendent de plus près que jamais. « C'est probablement la plus petite salle dans laquelle elle se soit produite à Paris, se remémore Angelo Gopée, mais elle a beaucoup apprécié. C'était un moment hors du temps, inoubliable. »

↓
La superstar américaine MARIAH CAREY choisit le Palais des Congrès pour l'escale parisienne de sa tournée *Caution World* en 2019 et offre un cadeau à ses fans, qui la voient de plus près que jamais.

2024, 25e ANNIVERSAIRE DE *NOTRE-DAME DE PARIS*

Pour ses 25 ans, *Notre-Dame de Paris* ne pouvait que revenir dans la salle qui lui a porté bonheur. La générale a lieu le 23 novembre 2023.

Notre-Dame de Paris et le Palais ont des destins mêlés. Le spectacle créé en 1998 porte Maillot revient en 2000 pour 41 dates pendant l'été, puis en 2023 pour ses 25 ans. « Il était inconcevable de célébrer cet anniversaire ailleurs, reconnaît Nicolas Talar, le fils de Charles Talar, producteur originel de *Notre-Dame de Paris*. Quand mon père l'a lancé avec Plamondon et Cocciante, le Palais était en pleins travaux et toute la façade avait été habillée par l'affiche du spectacle. C'était grandiose ! Quand nous sommes revenus, nous avons été accueillis comme des rois par l'équipe. C'est aussi leur spectacle. »

« J'ai retrouvé les odeurs, la loge, le portier, Mouss, se souvient Daniel Lavoie, qui interprète Frollo depuis l'origine. C'était d'autant plus émouvant que quelques mois plus tôt, j'étais très malade et j'avais subi une opération à cœur ouvert. J'étais encore gris et maigre, mais je m'étais fixé l'objectif d'être en forme pour la première. » Le chanteur québécois est « un des plus grands fans du Palais des Congrès ». « C'est mon théâtre préféré au monde, devant celui de Séoul et le Kremlin. Je l'ai aimé dès que je l'ai découvert en août 1998, pour les répétitions. J'y ai bien joué 500 fois et j'y viens toujours avec bonheur. Celui qui l'a conçu l'a fait avec beaucoup d'intelligence, la salle est formidable, proche du métro, la scène, immense, l'acoustique, excellente. Le soir de la première, ce n'était pas plein, mais il y avait une effervescence autour de Charles Talar, Luc Plamondon et Richard Cocciante et le sentiment qu'on tenait quelque chose de bon. De là à penser que je chanterais encore *Notre-Dame* vingt-cinq ans plus tard… »

LE PALAIS DES NOUVEAUX SPECTACLES

Demain, nous ne nous divertirons sans doute plus comme aujourd'hui. Nul besoin d'être doté d'une boule de cristal pour le deviner : il suffit de se plonger dans la programmation du Palais des Congrès, une salle qui se prête à tous les événements et qui suit l'évolution des nouvelles formes de spectacles et d'*entertainment*, pour voir les tendances d'avenir se dessiner. Des tendances d'ailleurs saluées par le public dont l'engouement pour ces formes inédites prouve qu'ici, nous sommes déjà passés dans le monde de demain.

LE CINÉ-CONCERT, POUR ÊTRE EN MÊME TEMPS AU CINÉMA ET AU CONCERT

Ce n'est pas un retour vers le cinéma muet, mais un bond en direction du très grand spectacle. Le principe ? Accompagner la projection d'un blockbuster (*Le Seigneur des anneaux*, qui sera présenté pour la sixième fois en 2025 devant des salles toujours combles, *Harry Potter et les reliques de la mort*…), de mangas ou même d'extraits de grands films classiques, avec un orchestre symphonique interprétant en direct la bande-son. Les plus grands compositeurs de musiques de films ont déjà été accueillis au Palais, dont Michel Legrand, Hans Zimmer (deux fois oscarisé, pour *Le Roi Lion* et *Dune*) ou encore Joe Hisaishi. Au Palais, la scène s'est révélée suffisamment vaste pour recevoir, à l'occasion de certains concerts, des orchestres symphoniques ainsi que leur chœur, soit plus de 200 personnes.

QUAND LE BASKET-BALL DEVIENT UNE EXPÉRIENCE

Le challenge était fou. Les 30 et 31 mai 2014, la scène du Grand Amphithéâtre du Palais s'est transformée en salle de sport pour accueillir les étoiles du *Basket-Ball Show*, un match spectaculaire opposant des légendes du basket international et des stars françaises du sport et du spectacle. L'événement était avant tout une expérience immersive et ludique combinant sport et divertissement, avec, dans les halls et les espaces du Palais, des animations, des spectacles et même des concours de dunks et du freestyle. Sans doute un avant-goût des matchs de demain ?

→
Un challenge impressionnant, dans la lignée des défis relevés au fil des décennies par le Palais des Congrès de Paris : un match de basket entre champions, sur la scène du Grand Amphithéâtre. « Match des champions » organisé par la Ligue nationale de basket en 2012.

→→
Double page suivante : compétition de e-sport organisée par le Karmine corp. au Palais des Congrès, 2021.

LE MATCH DES CHAMPIONS
LNB
LAISSEZ-VOUS PRENDRE AU JEU
L'EQUIPE
CHALON
16

KC
SLY
#KCX

LES CONVENTIONS DE FANS

Quand Millie Bobby Brown ou Shannen Doherty arrivent au Palais des Congrès, leurs fans sont déjà là, en convention, venus de très loin et souvent très tôt, pour les célébrer, discuter (ou se prendre en photo) avec elles, obtenir des dédicaces. Activité récente, les conventions de fans prennent aujourd'hui de l'ampleur. L'ambiance y est particulièrement enthousiasmante, avec des fans en délire dans les longues files d'attente, ou guettant dans les couloirs le passage de leurs idoles.

CHANTER AVEC LES HOLOGRAMMES

En 2017, la scène du Grand Amphithéâtre accueillait Claude François, Dalida, Mike Brant et Sacha Distel qui, le temps d'une comédie musicale, avaient chanté accompagnés de danseurs, de musiciens, de choristes. Un tour de magie ? Non, des hologrammes qui, pour la première fois, participaient à un spectacle combinant des éléments de concert en direct avec des performances virtuelles. *Hit-Parade* était alors une prouesse technologique qui a marqué un tournant dans l'industrie du spectacle vivant. En juillet 2022, c'est la légende de la chanson arabe classique, Oum Kalthoum, qui s'invitait en hologramme dans un Palais en pleine effervescence....

GAMING AU PALAIS

Jouer dans un Palais des Congrès ? Voilà un autre challenge relevé avec bonheur, mobilisant à chaque fois tous les halls de cette immense cité. Dès 2012, l'Iron Squid réunissait là les champions de *StarCraft II* du monde entier, devant un Grand Amphithéâtre comble et avec une retransmission en ligne et en direct. Les jeux vidéo s'y installent d'ailleurs régulièrement, transformant l'espace pour le plus grand bonheur de tous. En juillet 2021, la première Karmine Corp Xpérience s'y tenait pour un show de trois heures au cours duquel les ultras ont formé un Blue Wall, propulsant la Ligue française *League of Legends* dans une tout autre dimension. L'*European Poker Tour*, l'un des tournois de poker les plus prestigieux au monde, y fait escale, attirant des joueurs professionnels du monde entier ainsi que des amateurs. Comment ne pas évoquer aussi le Speedons, le marathon caritatif de *speedrun* qui prend ses quartiers dans l'amphithéâtre Bardeau ? Les jeux de demain, eux, trouveront forcément, dans cet immense Palais protéiforme, leur lieu d'accueil idéal.

←
39 ans après sa disparition, CLAUDE FRANÇOIS se démultiplie sur la scène du Grand Amphithéâtre.

↑
Le premier VIDEO GAME LIVE de France, le 18 décembre 2008, au Palais des Congrès. Synchronisé avec le jeu affiché sur écran géant et animé sur scène, un orchestre joue la bande-son.

HYATT REGENC

2024 : LA PORTE MAILLOT, UNE NOUVELLE PLACE PUBLIQUE

Pour les 50 ans du Palais des Congrès, la porte Maillot a été le théâtre d'un réaménagement complet, transformant la « porte » d'hier en une généreuse place publique, largement végétalisée et particulièrement accueillante pour les promeneurs et les amateurs de mobilités douces.
Déjà desservie par une ligne de métro (la ligne 1) et par une gare de RER (le RER C), la porte Maillot se métamorphose en hub de transport avec l'inauguration d'une nouvelle ligne de RER (E) avec sa gare, l'arrivée du tramway T3 et une circulation automobile fluidifiée.
Mille arbres supplémentaires permettront bientôt de réaliser un rêve : faire entrer le bois de Boulogne dans la ville. On le sait bien depuis longtemps, autour de cette porte, tous les rêves sont permis.

LES JEUX OLYMPIQUES ET PARALYMPIQUES DE PARIS 2024 AU PALAIS

A l'été 2024, le Palais des Congrès devient le Centre Principal de Presse des Jeux Olympiques de Paris 2024 et s'est transformé en ruche pour accueillir les 6 000 journalistes et photographes venus du monde entier.

Tous les espaces, tous les halls – à l'exception de l'espace boutiques – ont été mobilisés, les uns devenant des salles de presse et de photo dédiées, d'autres des salles d'interviews, des centres de service photo, des bureaux privés pour les agences internationales, sans compter les espaces de restauration et de détente, le tout ouvert 24h/24.

Il fallait un lieu suffisamment dimensionné et conçu pour accueillir un événement de cette ampleur. Il fallait aussi que ce lieu soit doté de capacités techniques et technologiques permettant à des milliers de gigas de données de transiter chaque jour. Et cela, le Palais était l'un des très rares lieux parisiens à pouvoir l'offrir. Le seul en tout cas à bénéficier d'un ultime atout : sa centralité et sa proximité avec les différents sites Olympiques et Paralympiques.

C'est d'ailleurs ici qu'à la veille de l'ouverture des Jeux Olympiques de Paris 2024, le CIO (Comité International Olympique), réuni en session plénière avec des représentants du monde entier, a officialisé l'attribution des Jeux d'hiver 2030 à la France. Une annonce qui, une fois de plus, a braqué les yeux du monde sur le Palais des Congrès de Paris.

HYATT

Comité
International
Olympique
142e Session
23-24 juillet et 10 août 2024
PARIS 2024

↑
Inauguré en juin 2024, l'AVANT-SCÈNE du Palais des Congrès : entre boudoir, salon de musique et lieu de réception de prestige privatisable.

REMERCIEMENTS

Les éditions du Cherche Midi tiennent à remercier toutes celles et ceux qui ont participé à la conception de cet ouvrage. Qu'ils aient cherché, conseillé, fouillé leurs archives, répondu aux appels, facilité notre travail, ou contacté les artistes, ils ont été d'une aide précieuse, et nous leur témoignons à tous notre profonde gratitude.

Merci à Arnaud Burlin, Directeur Général de Viparis.

Merci aux équipes de Viparis : Laurent Chiron, Catherine Bernard-Darlet, Jean-Noël Détais, pour leur collaboration essentielle à la réussite de cet ouvrage, ainsi qu'à Carole Lesergent, Charles Riffort et Philippe Graziano, pour leur témoignage.
Merci également à Oleg Hirschmann et Stéphanie Pichoutou pour nous avoir guidés dans les archives du Palais des Congrès. Leur travail scrupuleux nous a aidés à retracer l'histoire de ce lieu.

Enfin nous remercions l'ensemble des artistes, musiciens, chanteurs, architectes, producteurs et photographes qui ont bien voulu apporter leur témoignage : Erick Berchot, Jérôme Cabane, Julien Clerc, Matthieu Drouot, Bryan Ferry, Maxime Le Forestier, Chantal Goya, Gérard Guillat, Serge Lama, Jean-Daniel Lorieux, Gérard Neuvecelle, Luc Plamondon, Matt Pokora, Christian de Portzamparc, Michel Sardou, Linh Stouvenot, Sylvie Vartan.

CRÉDITS PHOTO

Couverture : Gamma-Rapho, pool Michel Ginfray/Daniel Simon
p. 2 : Archives Palais des Congrès, photo DR.
p. 4 : Archives Palais des Congrès, photo DR.
p. 6-7 : Archives Palais des Congrès
p. 8 : Thierry Boccon-Gibod
p. 9 : Gamma-Rapho, Patrice Picot
p. 10 : Gamma-Rapho, François Darras
p. 11 : Gamma-Rapho, Michel Ginfray
p. 12-13 : Gamma-Rapho, pool Michel Ginfray/Daniel Simon
p. 14 : Archives Palais des Congrès, document de communication
p. 15 : Getty, archives Palais des Congrès, Alain Nogues
p. 16-17 : Getty, archives Palais des Congrès, Alain Nogues, archives Palais des Congrès (droite)
p. 18-19 : Getty, archives Palais des Congrès, Alain Nogues
p. 20 : Wikicommons
p. 21 : Kharbine Tapabor/ Pixpalace, coll. IM/Kharbine Tapabor
p. 22-23 : Gamma-Rapho, Daniel Simon
p. 24 : Gamma-Rapho, Michel Ginfray
p. 25 : Gamma-Rapho, Jean-Pierre Leloir
p. 26-27 : Gamma-Rapho, Jean-Pierre Leloir
p. 28 : Archives Palais des Congrès
p. 29 : Archives Palais des Congrès, photo-Malec, DR
p. 30-31 : Archives Palais des Congrès, Image contemporaine, Gérard Guillat
p. 32-33 : Archives Palais des Congrès, Image contemporaine, Gérard Guillat
p. 34 : Archives Palais des Congrès, Jean-Daniel Lorieux
p. 35 : Archives Palais des Congrès
p. 36 : Archives Palais des Congrès, Danièle Fuchs
p. 37 : Archives Palais des Congrès, Jean-Daniel Lorieux
p. 38 : Archives Palais des Congrès, Jean-Daniel Lorieux
p. 40 : Bridgeman Images
p. 41 : Archives Palais des Congrès
p. 42 : Gamma-Rapho, Michel Ginfray
p. 43 : Archives Palais des Congrès, photo DR
p. 44-45 : Archives Palais des Congrès
p. 46-47 : Archives Palais des Congrès, photo DR (gauche)
p. 48 : Archives Palais des Congrès
p. 49 : Getty, archives Palais des Congrès, Alain Nogues
p. 50-51 : Archives Palais des Congrès, Jean-Claude Guilloux/VIPARIS
p. 52 : Archives Palais des Congrès, Jean Biaugeaud
p. 53 : Bridgeman Images, AGIP
p. 54-55 : Getty, archives Palais des Congrès, Alain Nogues
p. 56-57 : Gamma-Rapho, Patrice Picot
p. 58 : Gamma-Rapho, Keystone
p. 59 : Bridgeman Images
p. 60 : Gamma-Rapho, pool Michel Ginfray/Daniel Simon
p. 61 : Gamma-Rapho, Jean-Louis Urli
p. 62 : Paris Match Scoop, Jack Garofalo
p. 63 : Archives Palais des Congrès, Jean-Daniel Lorieux
p. 64 : Sipa, Edmond Sadaka
p. 65 : Gamma-Rapho, Keystone
p. 66-67 : Gamma-Rapho, Patrice Picot
p. 68 : Gamma-Rapho, Jean-Jacques Bernier
p. 69 : Gamma-Rapho, Patrice Picot
p. 70 : Bridgeman Images, AGIP
p. 72 : Gamma-Rapho, pool Michel Ginfray/Daniel Simon
p. 75 : Gamma-Rapho, Laurent Sola
p. 76 : Gamma-Rapho/Camerapress, Steve Emberton
p. 77 : Gamma-Rapho, Jean-Pierre Leloir
p. 79 : Gamma-Rapho, Jean-Louis Urli
p. 80-81 : Gamma-Rapho, Patrice Picot
p. 82-83 : Gamma-Rapho, Gilbert Uzan
p. 84 : MaxPPP, BEP/Le Parisien, Delphine Goldsztejn
p. 85 : Bridgeman Images, AGIP
p. 86 : Gamma-Rapho, Christian Sas
p. 87 : AFP, INA via AFP, Robert Siegler
p. 88 : Archives Palais des Congrès
p. 89 : MaxPPP/Le Pictorium, Philippe Gras
p. 90-91 : Gérard Neuvecelle
p. 92-93 : AFP, INA via AFP, Claude James
p. 94-95 : Archives Palais des Congrès
p. 96 : collection particulière
p. 97 : Bridgeman Images, AGIP
p. 98-99 : Archives Palais des Congrès, photo DR
p. 100 : Gamma-Rapho, Keystone
p. 101 : Archives Palais des Congrès
p. 102 : Paris Match Scoop, Manuel Litran

p. 105 : Archives Palais des Congrès
p. 106 : Archives Palais des Congrès
p. 107 : Pierre Terrasson
p. 108-109 : Gamma-Rapho, Patrice Picot
p. 110 : Gamma-Rapho, pool Dufour/Thomas
p. 111 : Pierre Terrasson
p. 112 : Gamma-Rapho, Patrice Picot
p. 113 : Archives Palais des Congrès
p. 114-115 : MaxPPP, PhotoPQR Le Parisien, Alain Auboiroux
p. 116-117 : Archives Palais des Congrès, photo DR
p. 118 : Archives Palais des Congrès, © ADAGP 2 024
p. 119 : Gamma-Rapho, Micheline Pelletier
p. 120 : Gamma-Rapho, Jean-Luc Dolmaire
p. 121 : Gamma-Rapho, pool Benainous/Benhamou (haut) ; William Karel (bas)
p. 122-123 : Archives Palais des Congrès
p. 124 : Gamma-Rapho, Claude Delorme
p. 125 : MaxPPP, photoPQR Le Parisien, Delphine Goldsztejn
p. 126 : Gamma-Rapho, Jérôme Chatin
p. 127 : Gamma-Rapho, Keystone
p. 128 : Archives Palais des Congrès, Henri Galeron
p. 129 : Gamma-Rapho, Keystone
p. 130 : MaxPPP, Wostok Press/MaxPPP
p. 131 : Opale, ArtComPress via Opale Pascal Victor
p. 132 : Archives Palais des Congrès, Jean-Daniel Lorieux
p. 133 : Pierre Terrasson
p. 134 : Gamma-Rapho, Arnal
p. 135 : Archives Palais des Congrès
p. 136 : Sipa, Raymond Morris
p. 137 : Paris Match Scoop, Benjamin Auger
p. 138 : Getty, John van Hasselt
p. 139 : Bridgeman, Imagebroker, Stefan Hargus
p. 140 : Gamma-Rapho, Philippe Renault
p. 141 : Gamma-Rapho, Jean-Pierre Leloir
p. 142 : Gamma-Rapho, Gilles Bassignac
p. 143 : Archives Palais des Congrès, Jean-Daniel Lorieux
p. 144 : MaxPPP, PhotoPQR Le Parisien, Frédéric Dugit
p. 145 : Dalle, Jean-Marc Birraux
p. 146-147 : Archives Palais des Congrès, Jean-Daniel Lorieux
p. 148 : MaxPPP, PhotoPQR Le Parisien, Marc Menou
p. 149 : Archives Palais des Congrès
p. 150 : Archives Palais des Congrès
p. 151 : MaxPPP, PhotoPQR Le Parisien, P. Lavieille
p. 152-153 : Alamy, Abacapress
p. 154 : Sipa, Aslan/Villard
p. 155 : Archives Palais des Congrès, David Gest
p. 156-157 : Sipa, Anthony Ghnassia
p. 158 : MaxPPP, PhotoPQR Le Parisien, Carol Amar
p. 159 : Getty, Redferns, David Wolff-Patrick
p. 160 : Gamma-Rapho, Camerapress, ED/CE/Pedro Becerra
p. 161 : MaxPPP, photoPQR Le Parisien, Delphine Goldsztejn
p. 162-163 : Anthony Ghnassia
p. 164-165 : MaxPPP, PhotoPQR Le Parisien, Frédéric Dugit
p. 166 : Gamma-Rapho, Alexandre Marchi
p. 167 : Gamma-Rapho, Alain Benainous
p. 168 : Gamma-Rapho, pool Arnal/Picot
p. 169 : Gamma-Rapho, Alain Benainous
p. 170 : Gamma-Rapho, pool Arnal/Picot (haut et bas)
p. 171 : Getty, Dominique Charriau/WireImage
p. 172 : Sipa, Edmond Sadaka
p. 173 : Gamma-Rapho, Alain Benainous
p. 174-175 : Sipa, Delalande
p. 176 : Archives Palais des Congrès
p. 177 : Dalle, Patrice Guino
p. 178 : Alamy, Ernie Pollard
p. 179 : Sipa, Jacques Benaroch
p. 180-181 : Herve Bellenger/IS
p. 182-183 : Karmine Corp
p. 184 : AFP, Christophe Archambault
p. 185 : MaxPPP, Thomas Padilla
p. 186 : Stéphane Compoint/VIPARIS
p. 189 : Stéphane Compoint/VIPARIS
p. 190-191 : Stéphane Compoint/VIPARIS
p. 192-193 : CIO - Comité International Olympique
p. 194 : Kim Redler/VIPARIS

Malgré nos recherches, nous ne sommes pas parvenus à retrouver les auteurs des photos publiées en pages 2, 4, 29, 43, 46-47, 116-117. Nous les prions de nous en excuser.

Achevé d'imprimer en octobre 2024
Par Graphius en Belgique
Traktaatweg 8 - 9041 Gand
Dépôt légal : novembre 2024
N° d'édition : M18170/01